平澤興

平澤興一日一言

生きるとは燃えることなり

致知出版社

まえがき

筑波大学名誉教授　村上　和雄

平澤興《ひらさわこう》先生に初めてお目に掛かったのは、私が大学二年生の頃です。学生の私からすれば雲の上の人でしたが、その実に謙虚で偉大な人格に接し、私の生涯の師はこの方だと固く心に誓いました。

世界的な脳神経解剖学者だった先生が繰り返し述べられたのが「人間には無限の可能性がある」

「人間には百四十億個の脳神経細胞があるが、それを使い切った者は一人もいない」ということです。

人間には九十八％もの眠ったＤＮＡが存在するといわれますが、そのＤＮＡを目覚めさせ、一人ひとりに与えられた無限の可能性を開かせるにはどうすればよいのか――。先生から受け継いだこのテーマが、私の生涯追究すべき研究テーマとして、半世紀以上が過ぎた今も自分の心を駆り立てています。

その心から尊敬してやまない平澤先生による語録が、このたび致知出版社より刊行されることになったのは慶賀《けいが》に堪《た》えません。

本書にも収録されている「人生は　にこにこ顔の命がけ」は、私も大好きな言葉ですが、先生は「ハチマキ姿で目を怒《いか》らした努力なんていうのは大したことではない。そうではなく、にこにこしながら命を懸ける。にこにこしながら命を懸けるというのは、偉大な夢が後ろにあるということだ」とおっしゃっていました。

私もまだまだ道半ばでありますが、そういう先生に、人間として、科学者として、一歩でも近付きたいと思い、今日まで歩ませていただいております。本書に収録された言葉の一つひとつが、日本人の眠れる遺伝子を呼び覚まし、多くの人たちの生きる力となってくれることを願ってやみません。

平成二十八年六月吉日

1月

生きるとは燃ゆることなり
（1月1日）

1日 新年

生きるとは
燃ゆることなり
いざやいざ
進まんこの道
わが燃ゆる道

2日 拝天 拝人 拝己

私はここ数年来、天を拝《おが》み、人を拝み、己を拝んで生きている。天とは最初、命を与えてくれた大自然であり、人とは日々の生活で世話になっている方々であり、己を拝むとは自分自身を拝むことである。

3日　平凡の中の不思議

およそ世の中に目がさめたことも、無事に太陽が昇ったことも、今無事に心臓が動き、やすらかに呼吸していることなども、一見平凡ではありますが、実は未だに完全には解き明かすことのできぬ不思議がその奥にあるのであります。

4日　学ぶほど謙虚に

真に学ぶとは、賢くなることなどではなく、むしろ自らの愚かさをしみじみと感じることであり、それだけに、学べば学ぶほどいよいよ謙虚にならざるを得ないのです。

5日 自分と出会う

御堂筋《みどうすじ》に、西本願寺の難波別院というのがあります。そこの黒板に、非常にいいことが書いてありました。

「たとえ一生を尽くしても、会わねばならない一人の人がいる。それは私自身」

こういう言葉であります。

ここで「たとえ一生を尽くしても、会わねばならない一人の人がいる。それは私自身」というのでありますが、それはただ自分がいつもなんとはなしに会っておる自分ではなくて、いったい自分という人間はどういう人間かという、そういう自分であります。そして、自分はどういう人間かということを知るためには、おそらく自分一人だけを見ておってもできないだろうと思うのであります。

6日 ベートーヴェンの声

私なども、大学一年の時に一時非常な混《こん》迷《めい》に陥《おちい》って、もう少しで今日こうして皆さんの前で話をするような年まで生きられなかったかもしれないのでありますが、どうやらそれも無事に乗り越えました。

その時私に救いの声をかけてくれたのは、ほかならぬ楽聖《がくせい》ベートーヴェンであります。あのベートーヴェンが二十五歳の時に、やはりみずから命を断とうとしたことがあるのであります。そして自分に向かって叫んでおります。

「勇気を出せ、たとえ肉体にいかなる弱点があろうとも、わが魂は、これに打ち勝たねばならぬ。二十五歳、そうだ、もう二十五になったのだ。ことしこそ男ひとりほんものになるか、ならぬかをきめねばならぬ」。

これはベートーヴェンのある日の日記の一節であります。あの楽聖ベートーヴェンにして、なおかつ然《しか》り。まして自分のごときぼんくらが迷うのも無理からんなあ。そうあきらめがついて、文字通り命がけの勉強を始めたのであります。

7日 初心 ①

「初心忘るべからず」などと、よくいわれるが、これは室町前期に能を大成した世阿《ぜあ》弥元清《みもときよ》が能について戒《いまし》めた言葉だそうである。

「初心忘るべからず」の後には、なお「時々《じじ》の初心忘るべからず、老後の初心忘るべからず」と続くのである。

「初心忘るべからず」の初心は、初めに覚悟した初一念であり、そして同時にうぶな濁《にご》りない心であろう。十年、二十年、三十年、いな全生涯を通じて初心を忘れずに精進せずしては、能の極致《きょくち》を身につけることはできないというのであろう。

8日 初心 ②

さらに言葉を続けて世阿弥は、真に一芸に熟達するには最初の初一念を忘れぬというだけではだめで、時々の初心も、老後の初心も忘れてはならぬ、と言うのである。

当世流にいえば、世阿弥の言葉は、「初心を忘れるな。そして油断をせずに、たえず工夫をこらして初心を持ちながらも独創を忘れるな」というようなことになろう。

さすがに能を大成した世阿弥の言葉だけあって、これはただ能だけではなく、広く学芸一般にも通ずる。

9日 座右の銘

常に人たることを忘るること勿《なか》れ。他の凡俗《ぼんぞく》に倣《なら》ふの要なし。人格をはなれて人なし。ただ人格のみ永久の生命を有す。――

常に高く、遠き処《ところ》に着目せよ。汝若《なんじも》し常に小なる自己一身の利害目前の小成にのみ心を用ゐなば、必ずや困難失敗にあひて失望することあらん。

然れども汝もし常に真によく真理を愛し、学界進歩のため、人類幸福のため、全く小我をすててあくまで奮闘し努力するの勇を有さば、如何なる困難も、如何なる窮乏も、汝をして失望せしむるが如きことなからん。

真の大事、真に生命ある事業は、ここに至ってはじめて正しき出発点を見出したりといふべし。

進むべき、道は一筋、世のために
いそぐべからず、誤魔かすべからず

（大正十年元旦平澤先生二十一歳の時の座右の銘／原文ママ）

10日 教育の役割

教育とは火をつけることだ。教育とは、火をつけて燃やすことだ。教えを受けるとは、燃やされることであり、火をつけられることです。

11日 相手の心に火をつける

相手の心に火をつけることとは、ただ一方的な命令やおしつけでできるものではなく、こちらも燃えて相手と一つになり、相手のかくれた可能性を見いだしてこれを燃やすことである。

12日　真の偉大さ

真の偉大さとは、おそらく正しい的《まと》に焦点を合わせた燃える情熱であろう。

13日　先生の影響

先生からの影響には、いろいろの型がある。意識の表面に出て生涯忘れえないようなものもあれば、意識の奥でやんわりと人づくりをしてくれているようなものもある。

14日 全力主義 ①

私は、どんな時でも全力主義です。だから試験などでも、二時間のものは二時間をかけて答案をかきます。点の打ち方から文の長短、答案の美しさまで十分吟味《ぎんみ》をすると、そう早くできるはずはないと思います。とにかく私は、どんな試験でも与えられた時間は、時間いっぱい使ってやる主義で、わかっても早く答案を出すというようなことは致しません。

15日 全力主義 ②

真の全力主義を体得するには、長い練習と、たくましい精神力とが必要である。学校での試験にせよ、入学試験などにせよ、その準備のために睡眠時間を縮めるとか、徹夜で勉強するなどということは、けっして正しい意味での全力主義ではない。正しい全力主義は、そんな一時的な泥縄《どろなわ》式のものからは生まれるものではない。しっかりした目標をもって、どんなことがあろうが日々コツコツと、やるべきことをやる努力からしか生まれない。

16日 誠実への夢

誠実などというものは窮屈な固いものではなく、それをこなしきれば、これほど温かく、これほど明るく、これほど味のよいものはあるまい。

17日 誠を尽くす人

少々くらい賢くなさそうでも誠実で、仕事に対して人に対して本当に誠を尽くすような人は、必ず何かになります。これは、私が七十年生きてきて、いろいろな例を見てきて、そう思うのであります。

18日　プラスとマイナス　①

生まれもよく、頭もよく、体もよく、何一つ欠けたものがないような状態は、一見羨《うらや》ましいように思われるが、これでは多くは万人が真に頭のさがるような豊かな人間にまでは成長できない。

不幸や苦痛も、これに打ち勝つだけのどしょう骨《ぼね》があれば、それだけ、その人の偉さを大きくする。

19日　プラスとマイナス　②

マイナスのない人生はそれだけ幅がせまく、マイナスに打ち勝ちさえすれば、むしろマイナスが大きければ大きい程、プラスの大きさもますます大きくなるのである。

20日 反省

人間がその人生の目標に向かって積極的情熱的に前進する限り、反省は、若人《わこうど》にも老人にも絶対に必要であろう。しかしこの反省は、後ろ向きの暗い反省ではなく、前向きの明るい努力と実行のある反省である。

世の中を見ると、どうも失敗でだめになる人のほうが多いようだが、真に大成した人は、むしろ失敗を機としてたくましく立ち上がった人であって、こういう例は内外ともに少なくない。

21日 可能性を能力へ

たとえ如何《いか》に可能性に恵まれても、ただなまけて放置するだけでは、そのまま不発で終わる。すべての能力は能力として与えられているものではなく、まず可能性として与えられ、努力によってこれを能力に転換するのである。

天才とか、偉人とかいっても、結局はたくましい努力によって、その豊かな可能性を能力に転じたに過ぎない。

22日 できない子

できない子というのは、自分の持っている能力をいかに伸ばすかということを知らない子供でありますが、最も大切なことは、そういう子供に劣等感を与えないということであります。

できない子供が、将来世界的な偉人になった例は、歴史上決して少なくないのであります。

23日 可能性の引き出し方

いかように、可能性を引き出すかということについては、これは、本人に、興味を持たせること、面白いと思わせることが第一だろうと思います。そしてできるまでやらせる。

24日　一％の感動と九十九％の汗

「天才とは努力だ」と昔から言っておりますが、全くその通りであります。発明王のエジソンなどもそう言っております。天才とは何か――七十の誕生日に、世界の新聞記者が集まって彼に聞くのであります。

「天才とは何か、発明の秘訣はあるか」「いや、発明の秘訣なんかない、秘訣はない」と答えますが、どうしても新聞記者は帰りません。それで、彼は、「天才とは一％のインスピレーションと九十九％の汗だ」と言うのであります。

これは、発明の秘訣はないということと同じですね。一％のインスピレーションぐらいだったら誰でもが持っています。だが、それを、実行するだけの燃える情熱を持たんのであります。

天才とは、一％の感動と九十九％の汗だ、つまり、実行であります。

25日 平凡を鍛える

偉い人というのは、生活の中に燃える情熱を持って、自分の持っておる百四十億の大脳皮質の神経細胞を生かした人だ。

26日 やればできる

やればできるのです。やればできるのであります。ノイローゼとか、神経衰弱とか、なんていうのは、まあ、ぜいたく病であります。本当に、命をかけてやろうというとき、なかなか命は、なくなるようなことはないのであります。

27日 習性となる

習うという字は、元来ひなどりがしきりに羽を動かし、親鳥のまねをして飛ぼうとすることだそうで、習うとはただ頭だけでわかったつもりになることではなく、それには実行が伴っているのである。

何事も習慣的に知らぬ間にやれるようになってこそ、はじめてほんとうにそれが身についたと言われるので、このからだにつくまでは真に分かったとは言われないのではなかろうか。

28日 よい習慣をつくる

習慣になるまでは、たえず自分をいましめて自分を矯正《きょうせい》、直さねばならんのであります。一日や二日や三日やって習慣にはならんのであります。何年かやって、何年やってでも習慣のある部分はちょっと気を許すと元の木阿弥《もくあみ》になりますが、たえず毎日がよい習慣をつくるその場だと思います。

29日 日々是好日

「吉凶《きっきょう》は人にありて日にあらず」。兼好《けんこう》法師の言葉であります。

吉凶などというのは、人間のほうに問題があるのであって、その日がいいとか悪いとかいうようなことはないんだということであります。

30日 最高の生き方

今が楽しい。今がありがたい。今が喜びである。それが習慣となり、天性となるような生き方こそ最高です。

31日 燃えて生きる

人は単に年をとるだけではいけない。
どこまでも成長しなければならぬ。

2月

京都・平安中時代の平澤先生
（大正３年）

1日 天与の才を生かす

努力することの本当の意味は人に勝つということではなく、天から与えられた能力をどこまで発揮させるかにある。

2日 肉体の成長と心の成長

ありがたいことである。今日もまた、われわれは全宇宙最高の心を持つ人間として生きることを許されている。

肉体の成長は二十歳くらいで終わるが、心の成長は覚悟次第では命の限りつづくのが、人間の最大の特長である。

われわれは、この人間の特長を十分意識して、伸びられるだけ伸びたいものだ。

3日　えがお　①

顔は心の窓というが、えがおであいさつするには少なくとも三つのものが要《い》る。即《すなわ》ち美しい心と、正しい心と、強い心である。

心がにごっていたりまちがっていたり、自分の気持ちに勝てないようでは、美しいえがおは持てない。

4日　えがお　②

どんな場合にも、えがおで貫き通せるようになれば、それは信仰者の一つの姿を具体的に身につけたとも言われよう。

5日　全宇宙の花

人類の歴史は、直立猿人にまで遡《さかのぼ》ってもまだ僅《わず》かに五十万年前後に過ぎず、ホモ・サピエンスたる現代人の始祖《しそ》ということになればまだ僅かに五万年前後に過ぎないのであります。現在でも既に四十五億光年のかなたにまで、その広がりを確認できる広大無辺《むへん》の全宇宙から見れば、この地球はまことに一粒の砂にも及ばず、その上での人類の歩みは、まことに一瞬の夢のようなものであります。

しかし、つくられたもののなかで最も偉大な人間が住んでいるという点から見れば、この一粒の地球も正《まさ》に全宇宙の中心ともいうべく、またこの一瞬の命に見える人間も、正に全宇宙の花であります。

6日　命の不思議

人間の命、大体ものの命というものが、本当に、学問的にどういうものかということは、ご承知のように、今日でもまだよくわからんのであります。大体、三十億年以上前ぐらいに、この地上に最初の命が現れる。ですから、歴史的に考えると、われわれは、みんな三十億年以上生きてきたのであります。

下等の命が、だんだん、だんだん、高等な生きものになりまして、最後に人間になる。頼みもせぬのに生んでくれてなんていうことをいうものもあるそうでありますが、三十億年の生物の中で、運よくも、その一番頂上に位する人間に生まれてきたということは、それは、そのこと自体が、すでに何とも説明のできない、一大不思議であります。

7日 六十兆のいのち

この命は、一つではないのであります。命を、一つだと取り扱うのは法律だけでありまして、学問的には、皆さんは全部五十兆ないし六十兆ぐらいのちいさい命のかたまりであります。一人の命は、五十兆あるいは六十兆ぐらいの顕微鏡的な生命、目に見えない、顕微鏡的な生命、つまり細胞的生命の集まりであります。顕微鏡的な生命が集まって、今日ただいまのわれわれの命をつくっておるのであります。

8日 人間の尊さ

あそこにも人がいる、ここにも人がいる、何も珍しくないようでありますが、それは粗末なものの見方であります。深く考えれば、そこにいかにたくさんの人間がおろうとも、一人一人が宇宙全体の中で、これほどよくできた不思議な存在はないのであります。

普通の人は、数の少ないもの、めずらしいものを、ただ不思議だとか、ありがたいとかいうのでありますが、それは見方が粗《そ》末《まつ》だからであります。いかに数が多くとも、尊いものは尊いのであり、不思議なものは不思議なのであります。

9日 学べば学ぶほど

世の中には、説明のできないような不思議がたくさんあります。すべてが科学で解決できるなどということは、間の抜けた科学者の言うことであります。真に科学を、学問を研究した人は、わからないことがだんだんふえてくるということをしみじみ思うものです。学問をして賢くなると思うような学問の仕方は、本当の学問の仕方ではありません。

学問をすればするほど、一つわかれば、十ぐらいわからんのが出てきますから、ほかの人よりは深く知っても、自分として主観的にはわからんことのほうが、だんだんふえてくるのであります。学問をすればするほど、世の中にあたりまえなんてことはなくなり、すべてが不思議になるのであります。

10日 人間と動物

人間が他の動物と最も異なるところは、何よりもまず、その深い精神生活にあり、これなくしては、たとえからだは丈夫でもすぐれた人間とはいえない。

しかし、望ましい精神生活とは、その知情意の間によく調節がとれて、知に走らず、情に流されず、深く考えて、やるべきときには断乎《だんこ》やれるような意志力のある生き方である。

11日 百四十億の宝の山

精神生活、精神的生命を行うのが、大脳表面すなわち大脳皮質であります。この大脳表面には何と百四十億、ここだけで百四十億の神経細胞があるのであります。

ところが、この地球上に現れた人間で、この百四十億の神経細胞を全部活用した人は、まだただの一人もないというのが、今日までの研究の結論であります。

凡人はもちろんでありますが、天才でも百四十億の神経細胞の全部を完全には使っておりません。何とこれも不思議なことであります。

12日 偉大さとは

偉大さとは、日本とか外国とかを問わないで、本当に自分に誠実に、社会に誠実に、世の中のためにどんな小さいことでも結構であります。あるいは自分の仕事を通じて、世の中に喜びをもって奉仕をしうるような人、誠実な人、あたたかい人、それは別に世の中で有名にならなくても、そういう人こそが本当に誠実なのではないかと思います。

13日 ベートーヴェンの偉さ

ベートーヴェンは偉い。その偉さは、どういうことかといえば、彼がその全能力、彼の全情熱を注いで、自己の芸術のために、音楽のために全生命をささげたということであります。

全情熱をささげるということは、もっと具体的に言うなら、百四十億の神経細胞が全部燃えるような努力をするということです。

14日 燃える心

生きるとは、情熱をもって燃えることだと思います。燃える心を忘れているような生き方は、気の毒な生き方ではないでしょうか。

15日 ど根性

燃えて燃えて燃えつくす時、必ず道は開けると信じます。

仕事は人であり、
心であり、
その燃焼である。

人生に絶対に重要なことは、いわゆる、よい頭ではなく、「誠」に徹した火の如き「ど根性」であります。

16日 人間と教育

自らの自らに対する教育には、ただ、ものの知りであるだけではだめで、それ以上に大切なことは、正しい思考力と、やろうと自らに誓ったことは、どんなことがあっても、必ずやり通す実行力であります。

17日 いまを大切に

今日一日の実行こそが人生のすべてです。それ以上のことはできない。

18日 仕事に生きる

自分の仕事の中へ本当に自分を投げ込むことができる人、そういう人が殖《ふ》えた時、世の中は仕事を通じて明るくなり、能率が上がると思います。

19日 失敗にくじけるな

どの方面を問わず、偉大な仕事は、たとえば表面に出る成功の何倍も何十倍もの失敗という山脈のなかにそびえる一つの峰である。われわれにとって恐ろしいのは失敗そのものではなく、その失敗によってくじけることである。

伸びる人にとっては失敗は不幸どころか、むしろ幸福への再出発なのである。

20日　教育という仕事　①

教育という仕事はあまり急いではなりません。割り切ってもできません。いろいろな困難がありますけれども、あっちへぶつかり、こっちへぶつかりしながらも、そこでへこたれず、あくまでもわが道を求めて進むことです。逞《たくま》しささえあれば、ぶつかって頭を打つこと、それ自体が進歩につながることだと思います。

21日　教育という仕事　②

われわれは、すぐ、できる子とか、できない子とか言いますが、たいていは、それは学問的に見まして、自分に対する逃げ口《こう》上《じょう》であります。本当に命を懸ければ、たいていのことはできると思うのであります。

しかし、命を懸けてやり続けるということは、これはなかなか説教だけではできません。深い自らの自覚がいるのであります。

22日 シンプル

偉大な先人はみな、学者であれ、芸術家であれ、事業家であれ、私はやっぱりシンプルだと思うのであります。シンプルというのは、心が濁《にご》っておらないという意味であります。

23日 一流の人は明るい

頂点に立っておる人は、いかにも会って明るい。こちらが窮屈を感じるような偉さというものは、第一級の偉さではないのではないかと思います。

24日　二つの鏡

鏡には二種ある。その一つはふつう用いられている、物を映す「物の鏡」であり、他の一つは心を映す「心の鏡」である。

心の鏡には、人間としての鍛錬度が何よりも重要である。真に生涯学習を志しているような人の心の鏡は、いくつになっても鋭く、むしろ年をとるほどにいよいよ鋭くなるが、人生に夢をもたぬような人の心の鏡は、いつのまにか濁ったり、凹凸ができたりする。生涯、希望と夢とをもち続けるためには、この心の鏡は絶対に曇らせてはならぬ。

25日　身近で遠い自己

自己の発見は、人間にとってきわめて重要なことであるが、なかなか容易なことではない。自己といっても、本能的自己と精神的自己とがあり、ことに現実の自己には、生来の自己と、環境や教育により変化を受けた自己とがあり、その全貌《ぜんぼう》をつかむのははなはだむつかしく、自己の発見といっても、多くの場合は時間をかけて、少しずつ部分的に発見していくよりほかしかたがない。自己ほど身近で、しかも遠いものはなかろう。

26日 塩と砂糖

料理には砂糖だけではだめで、塩もいるように、真の人生もいわゆる幸福だけではだめで、労苦も絶対に必要のようである。

世の中には、知識はあるが、知恵がないなどといわれるものがあるかと思うと、知識がなくとも、大いに知恵のあるものがある。どうも、これは人生における労苦の問題とも、関係があるようである。

27日 気力

大学を優等生で出ても、自ら進んでやろうという気持ちがなければ、大きな将来を望むことができないと思います。私は、むしろ、一度も落ちないで大学に入る諸君には、あまり多くの期待をかけないのであります。なぜなら、そういう人は、比較的順調にいっている時はよいのですが、一たび逆境に陥ると、それを乗り越え、切り開いていく気力がない人が多いのです。

28日 できることをする

ロマン・ロランは、

「英雄とは、自分のできることとしかしない。凡人とは、できることもしないで、できないようなことを、ただ望んでおるだけである」

と言っております。多少、皮肉はありますけれども、やはり面白いことばだと思います。

29日 真実に近づく道

ある一事を通して、ものの深さを知ることが出来れば、その目、その頭で万事を考えるようになる。そしてその真実に近づけるのである。

3月

京都二中時代（中央）。両親とともに

1日 最善の努力 ①

最善の努力というのは、あらゆる条件を考え、いかようにしたら最終の目的を達し得るかというような、あらゆる状況を考えることです。したがって身体の条件、その他も考えて、長くやれば身体がもたないような努力は決して最善の努力ではないと思います。

2日 最善の努力 ②

実は若い時の私どももそうでありましたが、「ハチマキをして目をつり上げて」というような努力は格好はよいのでありますが、そんな努力で本当に素晴らしい業績とか世界的な成果をあげるというのはおそらくできないと思います。

命をかけた努力というものはみなある意味では非常にゆとりを持った、しかし、いかなる場合にも決して揺るぎのない努力であります。それはあらゆる知恵とあらゆるおろかさとを混ぜたような努力であります。

3日　自分の目で見る

人から聞いたり本を読んだりしたくらいでわかったような気持ちになってはならんのであります。いつでも素直な姿で、本当はあまりものを知らんということを頭に描いていてすべてのものに対するということであります。

4日　経験が人生を深くする

いかなる経験もただ人真似では駄目なんだ、その場所、その相手によって考えながら生きていかねばならん、そういう経験は同時に人生を深くすると思います。

5日 祈る ①

佐藤一斎《いっさい》先生は、「凡《およ》そ事をなす、須《すべから》く天に事《つか》ふるの心あるを要すべし。人に示すの念あるを要せず」と言っておられるが、私の祈りは、こうした気持ちで、やれるだけのことをやり、天に祈ることで、そういう際の心の不安を和らげ、希望に力を加えるのである。

そんなあてにもならぬことを祈って何になるのかと言われる方もあるかもしれないが、それは理屈で、少なくとも私は、祈ることによって落ちつきを得、かなたに光明《こうみょう》を見いだすのである。

6日 祈る ②

祈るという言葉にはいろいろの面があり、人によっても相当違うであろうが、私の祈り、特に仕事への祈りとは、自らやれるだけのことをやりながらも、なおそこに多少の不安があるような場合、どうぞうまくいくようにと天に向かって願うことである。「苦しい時の神頼み」とは昔からいわれているが、これにはどうも真剣な自主的努力が足りないような響きがあり、私の祈りとは少し趣《おもむき》を異にしている。私の仕事への祈りでは、まず自らの最善の努力が基礎になっており、やれるだけのことをやらずに頼むということは、私の最も嫌うところである。

7日　仕事は祈りである

私の友達の青柳安誠《あおやぎやすまさ》。京大の外科部医で、外科では日本一の人です。この人がいってましたが、仕事は祈りである、と。執刀する瞬間、祈るんですね。最善を尽くすだけじゃ、まだ足らないんで、どうぞ、この手術がうまくいきますようにと、祈る。これはやっぱり、すごいと思います。

8日　名人の心がけ

バッハはオルガン音楽と同時に近代音楽に魂を入れた大物の一人であります。偉大な音楽家であるというよりも、信仰の篤い人であります。したがって彼の音楽の特徴はどこまでも心に食い入るような、魂に食い込むようなそういう音楽であります。

彼はあるところに書いています。「自分はいつも世界一の音楽家に聴いてもらうつもりで演奏しておる。その人はそこにはおらないだろうけれども、とにかく私はそのつもりで演奏しておる」と。これはなかなか大変な言葉だと思うのであります。

9日 頭の力と根気の強さ

偉大な発見というものは、素晴らしい頭と同時に、素晴らしいおろかさを兼ね備えておらんとできないものであります。サルバルサン六〇六号という化学療法を発見しましたパウル・エールリヒは、六百六回薬をつくり直すという根気とおろかさ、しかし六百六種の薬を考え出そうという頭の力がありました。

大事なのは頭の力と根気の強さです。

10日 誠意と根気

学問には近道はないので、必ず順序正しく歩まねばならぬのだが、そこをごまかすと分からなくなり、面白くもなくなる。

ごまかさずに順序正しくやり続けるという誠意と根気こそは、実は学問のこつであり、頭をよくするこつである。

11日 忍ぶ

現在も都合がよくて将来も都合がよい、そういうふうな考え方というものには一つ横着《おうちゃく》があります。よりよき将来に向かって建設的なものならば、我々は忍ぶべきものは忍ばねばならんと思います。これはあらゆる面でそうであります。しかし、忍ぶということはただ痩《や》せ我慢をするだけではなくして、将来のよりよきものを目指しながら忍ぶのであります。

そういう意味では、いくつになっても、ぼけない限り、人間には最後まで仕事があると思います。

12日 やる気はあるか

天才とか鈍才とかと言いますが、あまり変わりがありません。結局は、やろうという根性だと思うのであります。

これがなければ、たとえ優等生でも、その将来はあまり大したことはないと思うのであります。

13日　目標を持つ

苦労しても目標を持っている間は、人間が光っている。

14日　夢と希望のある人生

夢を持て。
希望を持て。
夢を持たぬ人生は、動物的には生きていても人間的には死んでいる人生。

15日 憂患に生き、安楽に死す

孟子は「憂患に生き、安楽に死す」と言っておりますが、いつの時代にも困難はあったのであり、なすことある人間においては、むしろ苦難が大きければ大きいほど人間ののびが大きかったのであります。逞しい精神の持ち主にとっては困難は成長への興奮剤でこそあれ、滅亡への道ではありません。

16日 くよくよするな

勉強をしてよく身体を壊すとか、精神的な病になったとか言う人がいますが、あれはまさに嘘であります。勉強だけをして神経衰弱になるなんてことはないのでありります。神経衰弱の主な原因は勉強そのものではなくて、くよくよしていることでありまず。「もししくじったらどうなるだろう」と必ずと言ってよいほど考えておるのであります。そんなことは勉強とは関係ないのであります。

17日 成功の陰に失敗あり

世の中で何かをなしとげた人というのは、多くの人はいつもよい結果だけを見ておりますから、その人の苦しんだところを見ておりません。実は一つ素晴らしい研究をするならば、九十いくつの失敗があるのであります。他の人は賞でももらいますと賞をもらったところだけを見て、運がいいとか、羨んだりしているのでありますが、それは非常に粗末な見方であります。一つの賞の陰にはその何十倍の失敗があるのであります。これは断言いたします。

18日 失敗を見つめる

他の人の失敗と違って、その賞をもらうような人は失敗ごとに少しずつ伸びていくのであります。他の人は失敗ごとにがっかりして駄目になるのであります。

失敗ごとに伸びるか、だんだんへこたれるか。その違いはありますし、この違いは大変大きいわけであります。

だから失敗をするのは差し支えありませんが、失敗に負けるような、あるいは負けかかろうとする時には、十分これは見つめていかねばならんと思います。

19日　心の態度

成功の日には、とかく人間はうわっ調子になりやすいが、失敗の日は人間を深くし、ふだんはじゅうぶんながめてもみない自分を改めて見直させ、落ち着いて考えさせてくれる。恐らく失敗のない人生などに、だれもが仰ぎ見るようなすばらしい人生はなかろうかと思われるが、そうすると失敗そのものが人生を腐らせるのではなく、この失敗に対する心の態度が人生を左右するともいわれよう。

20日　再出発記念日

失敗の日は、人生にとってはむしろ成功の日よりももっと重大な意味のある日である。それは人生の再出発の日であり、人生にほのぼのとした味と深さを与えるからである。一度や二度の失敗にはへこたれず、その日を人生の再出発の記念日としてがんばろう。楽しいではないか。

21日 徳という字

徳の古字は悳《とく》で、徳のつくりの悳はこれを書きなおしたものであり、この悳に彳（ぎょうにんべん）をつけたのが徳という字である。彳は左脚のもも、すね、あしを表し、行の亍は右脚のもも、すね、あしを表すもので、彳にはたたずむとか、少し歩むなどの意味があり、また行のかわりにもなるとのことである。すなわち徳という字は彳と直と心とから成り、その構成からいうと本来まっすぐな心、すなおな心で立つとか、行なうとかを表すものである。

22日 恩という字

「おん――恩」という言葉を辞書でひくと、「めぐみ」「いつくしみ」とか、「目上の人から受けたありがたい行為」「目上の人がかける情け」などと説明してあるが、しかし、表意《ひょうい》文字としての漢字の「恩」には、本来もっと深い意味がある。

「恩」の字は、上の「因」と下の「心」からできているが、因とはもと、原因とかいうことで、恩とはものごとのもと、ことに自らの今日の姿のもとを知って、これを心にいただき、ありがたく思うことである。

23日 夢と情熱 ①

残念ながら私は、生涯を通じて自信というものはついに持つことのできなかった人間であります。しかし夢をみながら、それにひたむきな情熱を注いで進むということはできました。それが今日までの私の生涯です。もっとも自信を持てばそれに越したことはないかもしれませんが、しかし自信はなくとも燃える情熱と実行さえあれば必ず事は成るのであります。

24日 夢と情熱 ②

自信の持てる人は持ったらよいと思います。かといって、安っぽい自信や鼻先の自信は、どうも危ないような気がしてなりません。努力と実行という裏付けのない自信は、むしろ有害無益のような気さえ致します。私は自信を持てませんから、自信のかわりに夢と情熱、それに絶えず祈りを持ってやり続けてきました。

25日 光が出る人

私は誰もが見てびっくりするような偉大さというのは実はさほどたいしたものではないと思うのであります。ちょっと見るとたいしたことない、いっこうに偉そうにも見えないけれども何かことがあるとそのたびごとに光が出るような人、そういう人が本当に偉いのではないかと思うのでありま
す。

26日 後光がさす

十年経ってみたら平凡な顔をしておった人がなんとか落ち着いてきた、もう十年経ったらなんだか後光《ごこう》がさしてきた、もう十年経ったらなんだかもったいないような気がしてくる。そういう人は確かにおられます。

そういう生き方があるのであります。

27日　平凡の畑に花を

平凡の畑に花を咲かせた時、もはやそれは平凡ではないのである。しかし、花を咲かせるには、たえず自己との対話と精進による成長が必要である。

28日　愚かさの尊さ

若い頃は正直のところ、私自身も自らの間《ま》ぬけさ、要領の悪さにいや気がさしたりしたようなこともあった。だが、年をとるほどに「いやいや、そうではない。お前にも最も大事なのは、その間ぬけさだ。そのお人よしだ。そのうしろにあるまごころだ。もっともっと深く掘りに掘って、徹底的に頑張ることだ」。そんな内面からの声を聞き、「やはり、そうだ。愚かなままでいいのだ。真理の追究そのものに随順《ずいじゅん》する徹底的な愚かさこそ、賢さなどよりもはるかに尊いものなのだ」――そんな思いで今まで生きてきた。

29日 ニコニコと緊張

いつもニコニコとして緊張しておる姿、これが一番、前に向かう姿であります。緊張も神経質な緊張はやがて退歩になりますけれど、ニコニコとした緊張は、進歩のある生活だろうと思います。

30日 勇気を持て

しくじった時は何度でも繰り返せばよいのであります。しかもこれは難しいことでありますが、しくじったらばもとにまさる勇気をもってやることができれば最高であります。

31日　すべては努力

人生の勝負は、一に努力、二に努力、三に努力、ともいうことができましょう。

4月

京都帝国大学学生時代
（大正 10 年頃）

1日　大自然の恵み

木々の萌《も》え出る春の姿――これはほかならぬ木々の命の姿であり、そこにあるものは太陽や水、空気などの大自然との調和の姿である。この命は、元をただせば、大自然の恵みである。植物も、動物も、さらには人間も、すべてこれ大自然によって創られたものである。それは広義の大自然の一部で、本来大自然と対立すべきものではなく、むしろ大きな知恵と信頼とにより、相《あい》ともに融《と》けあう大調和の中にあるべきものである。神経質の文化ではなく、そうした大自然と融けあう文化こそ望ましい文化である。

2日　道を開くもの

若人よ、諸君が覚悟をして燃える時、諸君には自らもわからぬような無限の可能性が展開されるのだ。この可能性の展開は、いわゆる頭のよしあしの問題ではなく、実に諸君の火と燃える意志と何ものにも負けない不屈の努力とにあるのである。

情熱、実行、努力――これこそが諸君を生かし、諸君を伸ばす力である。諸君はその目的に向かって全情熱を傾けることだ。不屈の意志のあるところ、道は開ける。

3日　自己との闘い

だれにでも、生まれながら、やればできるという可能性が与えられてはおるのだが、この可能性をひき出して能力にまで伸ばすには、それに必要なひきがねがある。それは努力である。

この努力は、わがままな自己との闘いになるが、この自己との闘いに克つことなくしては、とうてい人の名にふさわしい尊い人たることはできないであろう。さあ、がんばろう。

4日　努力を習慣に

何が大切だと言っても、人生のできるだけ早い日に、この自主的努力を習慣的に身につけるほど大切なことはあるまい。人生の勝負は普通考えられているようにただ頭脳のみの勝負ではなく、むしろ自主的努力を貫徹する意志力と実行力にあるように思われる。しくじりながら、これに教えられて突進するようになれば、もはやいわゆる失敗などというものはなく、失敗そのものさえが建設への手助けとなるのである。

5日 学生時代の過ごし方

学生時代、この若い学生時代は、あくまでもあらゆるものを吸収し、それによって自ら大きく成長する時期です。あるいはまた種まきの時とも言われましょう。徹底的に勉強することです。こざかしくなるよりはむしろ大きな愚かさを身につける時です。

6日 否定の超克

学生諸君！ 今は思う存分自己を磨きたまえ。鋭い思索のために時に絶望的になる事があるかもしれませんが、しかしサルトルも言っておるように、「絶望のかなたにこそ真の実存が始まる」のであります。絶望的な否定を超克《ちょうこく》してこそ真の肯定があるのであります。私は何よりもまず諸君自身のために、諸君の命をかけた努力を切望するものであります。

7日　自主的に学ぶ

大学は、ただ教えられることを習う受け身の勉強をするところではなく、もっと積極的に自らも考えながら自主的に勉強すべきところだ。

8日　視野を広げる

諸君が将来、人間として栄養失調的なこざかしい人間になりたくないと思ったら、あまり専門というようなことにとらわれずに、諸君が学びたいと思うものや読みたいと思うものは思うがままに学び、思うがままに読むことです。殊《こと》にすぐれた古典は、是非大学、殊に教養部時代ぐらいに読むことです。人生は専門にくらべてあまりに広く、あまりに深いのです。若い日にあまり専門にとらわれずに広い視野を持つことによって、将来専門家のくさみを脱して専門領域を歩けるとしたら、それほどすばらしいことはありませぬ。

9日 努力の種を蒔く

人生では、まず目的に向《むか》って努力という種を蒔《ま》くことだ。この努力という種を蒔きさえすれば、きっとよい実が実り、よい収穫があるのだ。

近視的に雑然たる現実を見ると、時にはそうではないように思われることもあるが、長い目で見れば、やはり世界はそうなっているのである。

10日 断固として進む

すぐれた理想家ほどすべてに誠実であり、うそをやらず、うその上に立たずに、今日から現実の中で歩き出すという意味ではむしろ最も現実的です。厳しい現実の上に立って、しかも現実だけにとらわれず、見るべきを正しく見定めて、断固として自分の進もうとする道を進むところにその偉さがあると思うのです。

11日 汗と努力

すぐれた人は、それだけの努力をし、汗を流したのでありますから、汗の流し方と努力の仕方が我々の一生を決めるのであって、位が一番上だから一番偉いということでは、決してないのであります。その日の生活を、人間としてどのくらいに生きられるかという、やっぱり感激と実行だろうと思います。

12日 ナマの感激

すぐれた人の話を聞いた時に、あれは頭がいいんだとかあれは運がよかったとか、そういうふうな娑婆《しゃば》の粗末な言葉で感激を薄くしないで、ナマの感激を自分の身体にとって心の滋養にしてほしいと思います。

13日 転金成鉄 ①

　四十年来の私の親友の家に、「転金成鉄」という横額《よこがく》がかかっている。彼の父が、釈宗演《しゃくそうえん》禅師（明治の傑僧《けっそう》、円覚寺管長、鈴木大拙《だいせつ》の師）から書いてもらったものだとのことであるが、これは「金を転じて鉄と成す」と読むのであろう。私は、この言葉が、禅師自身のものか、それとも昔からあった禅語なのか知らないし、またこの言葉の意味もよくは知らない。初めのうちは、たいして気にもとめず、ただ古びたその書風をながめていただけであるが、何度か訪問するうちに、妙にこの言葉に気をひかれるようになった。

14日 転金成鉄 ②

　考えてみると、この禅家の言葉には、たしかに否定のできぬ真理がある。光るべきものが、ただ光っておるだけでは平凡である。金にも比すべき光る才能を鼻にかけたり、威ばったりせずに、さらに鍛えあげて、表面的のぴかぴかを取り除き、さらにその中までもたたきあげて、どこでも、だれにでも気軽に使ってもらえるようなものにまで成長し、普遍化することは容易なことではない。「転金成鉄」とは、まさにこの真理を教えておるものと思われる。

15日　転金成鉄　③

本当に社会の第一線に活躍しておられる大物には、多かれ、少なかれ、転金成鉄の味がある。鉄のように渋いが、春風のあたたかさを内に蔵している。

16日　習慣の力

世界的に偉い人というのは生涯人間として鍛え上げた人であります。生まれつきが違っておったわけではない。つまり習慣が身体につけば自然にそうなりますから、だんだん歳をとるにしたがって、若い時に心がけておったものが、しまいにはもはや、そう骨を折らずにできるようになります。しかしそれは長い長い人生の努力と言いますか、練習であります。

17日 神仏のものさし

「極悪の我に春の日惜《お》しみなく」――これは、処刑を待つある死刑囚の句だそうだが、なんとあたたかい句であろう。死刑囚というからには、恐ろしい罪をあえて犯した人なのであろうが、その同じ人が、これだけの句を作る気持ちになれるのである。

この句は、「この極悪の罪人の私にも、うららかな春の日が惜しみなく与えられている。ああなんともったいなく、ありがたいことであろう」というような気持ちを述べた感謝と懺悔《ざんげ》の句であろう。

この人は、形式的な世俗のものさしで測れば極悪の人であろうが、しかし、何もかも見通しの神仏のものさしで測れば、わけてもかわいい慈悲の子であろう。

18日　新しいものさし ①

研究は、たえず新しいものさしを探し、新しいものさしで物を見ることだともいわれると思いますが、人間も成長するに従って、新しい立場、より高い立場から物を見ることが出来るようになります。

諸君が希望を失った時には、是非もっと深く考え、もっと強く生きぬいて、更に新しいものさしを見つけ出し、この絶望を足場として更に高い次元の世界に突き進んでください。

19日　新しいものさし ②

ものさしにいろいろあることを知ることは、古典を理解したり、先人の経験をすなおに理解するためにも極めて大切なことです。自分が今まで用いてきた寸《すん》たらずのものさしだけで物を見て、絶望したり、あるいはまた狂信的に猪突猛進《ちょとつもうしん》したりしてはなりませぬ。

考える人は永遠に多かれ少なかれ、迷うのです。この迷ったり疑ったりするところにこそ、真の進歩があるのではないでしょうか。

20日 覚悟と実行 ①

自らの鈍重《どんじゅう》さについては、私は中学時代からよく気がついており、要領よく勉強して人に勝とうなどと考えたことはただの一度もなく、さりとて、やるべきこともやらずに愚痴をこぼしてへこたれるなどということは大嫌いで、いつも全力主義で勉強してきた。私は常に、『中庸《ちゅうよう》』にある

「人一度にして之《これ》を能《よ》くすれば己はこれを百度し、人十度にして之を能くすれば己はこれを千度す」

をモットーにしていた。

21日 覚悟と実行 ②

長い目でみると、人生を決するものは、ただその時々の勝負ではなく、生涯をつらぬく覚悟とその実行である。

口先だけではなく、真に人生に一つの夢をもち、この夢の実現に燃える情熱を注ぎ、日々の実行を重ねれば、必ずそこに道はあると思う。

22日　本当に見る

見ているつもりと本当に見るということは違うのであります。囚《とら》われずに見ることの大切なことについては、フランスの大生理学者クロード・ベルナールは次のように言っております。「実験室に入る時は外套《がいとう》を脱ぐと同時に想像の衣をスッポリと脱ぎすてよ。実験を終えて室外に出る時、外套を着ると同時に想像の着物を着よ」。

これは、ものそのものを見る時にはあくまでもなまのままでこれを摑み、この事実を総合的に整理する時には、出来るだけ広く、想像を逞しくして、あらゆる条件を考えて吟味《ぎんみ》せよということであります。

23日　囚われずに見る

囚われずに物を見るということについて思い出されるのは、ダーウィンが例外を絶対に見落とさなかったことであります。多くの人は、例外はただ例外として、よい加減にかたづけてしまうか、或《ある》いはむしろそれを邪魔物にして、知っても知らぬ振りをしたりするのであります。

ところがダーウィンはその正反対に、例外を大いに尊重し、むしろこれを基にして深い検討を施し、それからいろいろ重要な発見をしておるのであります。たしかに例外はしばしば新しい真理の案内者であることは忘れてはなりませぬ。

24日 自力と他力

生きるには自力と同時に他力がいるのでありますそうい。そういうことは、よく宗教家などが申されますが、科学的に考えても全くそうでありまして、それはけっして迷信とか何とか怪しいものではありません。

25日 生かされて生きる

生かされておるのは、何も人間だけではないので、すべての生物がそうなのでありますが、しかし、そういうことをしみじみと感じ得るのはただ人間だけでありまして、これは実は人間たるものの一つの大きな特徴であります。

26日 心の化粧

私は実は神経の専門であって、同時に表情筋肉の運動と神経が私の本当の専門であります。したがって、顔も私の研究材料の中に入っているのであります。美しくともつまらん顔があります。そして、いわゆる世間的に美しくはないけれども、誠に素晴らしい顔があります。

望ましいのは、世間の人が見てもきれいで、我々研究者が見てもよい顔が一番よいのでありましょうが、そのよい顔というのはみなさんの生まれたままで持ってきた顔ではないのであります。それに精神の美が加わらなければ、本当の化粧の仕上げはできないのであります。

いかように化粧をしても、最後はもう一つ加えて、心の化粧がなければ本当の顔にはならんのであります。

27日 人生をものにする

何よりも大切なことはあくまでも自己との約束を守り、一度やろうと決心したことは必ずやり通し、決して自己を欺かぬことである。これさえできるようになれば、もう人生は自分のものである。

28日 ベートーヴェンの忍耐

日ごろ目にするベートーヴェンの肖像《しょうぞう》や、また、嵐をついて、街をゆく彼の姿は、これ以上に強い人があろうか、と思われるほどですが、しかし、ベートーヴェンは決して、ただ強いだけの人ではなく、むしろ人一倍傷つきやすい繊細なものを心に持ちながら、よくそれを鍛えに鍛えて鍛えぬいた人なのです。

29日 リルケとロダン

ドイツの詩人・リルケなども二十歳を過ぎた頃神経衰弱になり、ロダンの所へ行って二年ばかり生活するのでありますが、そこで忍耐の真の意味とそのすばらしさを、しみじみと教わったのであります。

ロダンも今は世界のロダンでありますが、その成長の過程には、誠にごうごうたる批判の嵐が吹いたのであります。しかし、その中でもロダンは鋭い自己批判をもって、どこに風が吹くかというような、悠々《ゆうゆう》たる態度で法悦三昧《ほうえつざんまい》の努力をもって少しもあせらず、あくまでもわが道を歩き続けたのであります。

詩人のリルケはその姿を見て、「ここに生き神様がおられる。これだけ我慢でき、これだけ自分の仕事に情熱を注ぎ得る人は神様だ」と感心するのであります。後年のリルケはドイツの詩壇《しだん》を代表するすばらしい詩人になりましたが、実はこのロダンの生きた姿に彼は魅《み》せられたのであります。

30日 祈り続ける

人間が人間になろうという祈りや行《ぎょう》は一生のことで、最期までもうこれでよいなどということはあるまい。生きる限り祈りを続けて燃えることだ。

5月

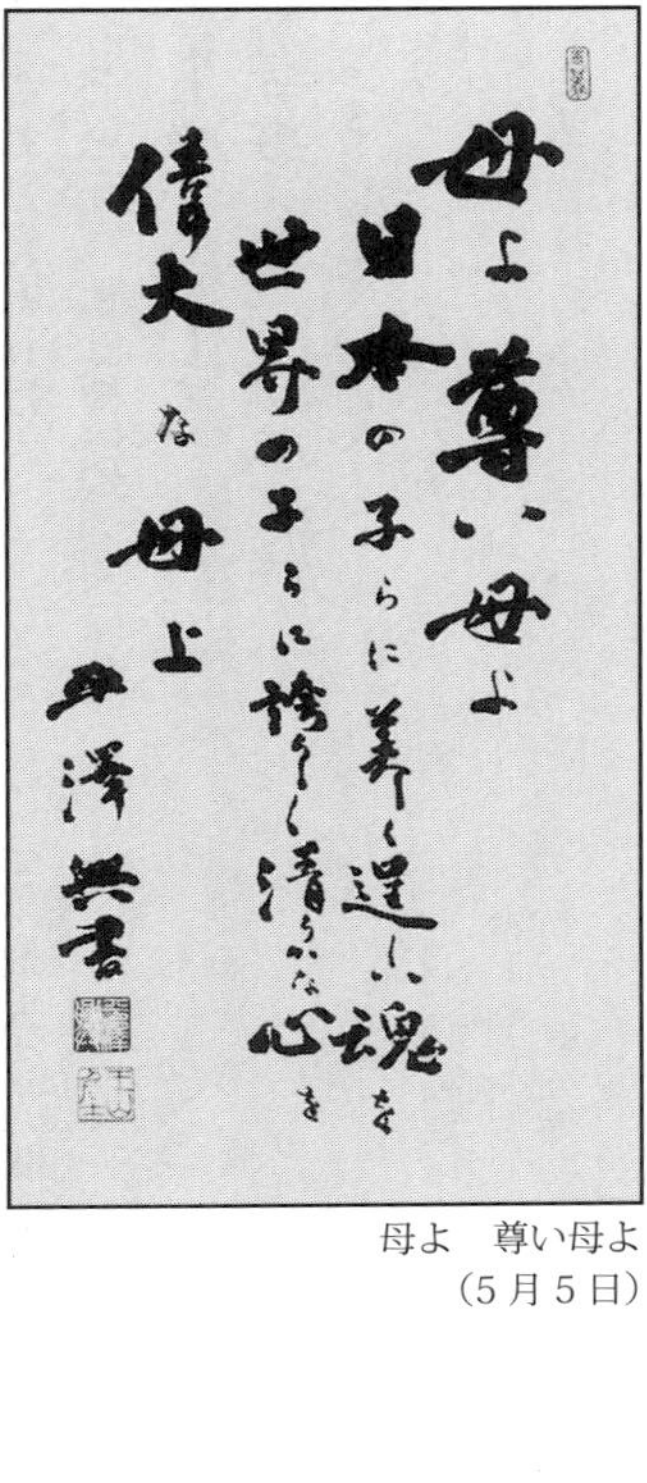

母よ　尊い母よ
（5 月 5 日）

1日 初一念を貫く

初一念を貫くということは、人生のどの方面でも絶対望ましく、これさえあれば人生は必ず成るように成ると思う。私は神経学者として、人間は生まれながらにして、自ら知らぬ無限の可能性が与えられていることを知るが故に、特にそう信じている。

2日 挑戦する

自己に与えられた無限の可能性に挑戦することこそ、最大の人間的な生き方であろう。

3日 笑いと成長

ある人が申しました。どこまで笑って暮らせるかということで、その人の人間としての成長度がわかると。

ある人は八十のところでもう怒ってしまう、ある人は七十のところでへこたれてしまう、ある人は九十五くらいのところまでは我慢ができる等々です。

どこまで我慢ができるか、どこまで心の平和を保つことができるかというような高さが、その度盛りが人間の成長度を示す。

4日 人間の成長

八十になっても九十になっても、百になっても、人間の成長はこれからだと思います。

5日 日本の母へ

母よ　尊い母よ
　日本の子らに
　　美しく逞しい魂を
　世界の子らに
　　　誇らしく清らかな心を
偉大な母よ

　これは全家研（全日本家庭教育研究会）のスタートにあたって、私が日本の母に呼びかけた母への祈りである。

　しかし、同時にこれは、母自身のこどもに対する祈りでもあろうと思うのである。

6日 よい子、よき母

　自らまちがったことを平然とやりながら、こどもにだけよい子になれと望むことは、木によって魚を求めるたぐいで、とうてい不可能である。よい子には、よい母が何よりもたいせつなのである。

　よい子を望まぬ母親はなかろうが、それならば、どうぞ、元気を出して、日々よい子の母にふさわしく行動していただきたい。こどもに対してよい子にとの祈りをもつとともに、自分自身にも、よき母にとの祈りをもち、希望をもって、日々楽しく生きたいものである。

7日　偉大な考えに生きる

カール・ヒルティは、「眠られぬ夜のために」の第一巻の一月一日のところで、「常に偉大な考えに生きよ。一般的に言って、これが一番人生の多くの困難や心配を切り抜けるよい方法だ」

と言っておりますが、私も本当にそうだと思います。

確かに世の中にはすぐれた人もあり、すぐれた考え方もあります。我々は、すなおにそれを認めねばなりませぬ。

8日　本当の伝記を読む

偉大な考え、偉大な生き方を知るには伝記を読むのもよい方法の一つです。実際、すぐれた先人の伝記を読むことは、実に楽しいことの一つです。しかし、失敗や困難も正しく書いている本当の伝記でなければなりませぬ。よいところだけを誇張《こちょう》したような伝記ではだめです。

9日　アインシュタイン

アインシュタインの伝記を読みますと、彼がナチスに追われて、ドーバー海峡を通ってイギリスに逃げる夜中の船で、紙片を出して夢中に何か計算を続けている光景が書いてありますが、私は今でも二十余年前その伝記を読んだ時の戦慄《せんりつ》に似た感激を忘れることができません。明日の運命をも知らぬ人生最大の危機に際してもなお心の平静を失わずに計算が出来るという、その落ちつきと学問への愛情は何とも我々の表現を超えるものであります。

10日　真の強さ

強さというのは、見かけ倒しの強さや鬼《き》面《めん》人を威《おど》すようなにせの強さではなく、どんな嵐の中でも、びくともしない真の強さをいうのであります。ナチスに追われてヨーロッパから逃れる船の中で、なお悠々として思索の出来るアインシュタインのような強さこそ真の強さであります。

望ましいのはふまれてもふまれても、伸び出る雑草のような強さ、断固として自らの所信《しょしん》を貫く強さであります。そして、この強さは樫《かし》のようなもろい強さではなく、あくまでも忍耐という弾力を持った強さであらねばならぬ。

11日　最も伸びる人

私は人間が真に事をするにはただ秀才、鈍才というような能力だけではなくて、むしろそれよりも大事なものがあるのではないかと思います。それは人柄です。その人柄のうちでも、なにが一番大事かというと、どうも誠実ということかと思います。

「誠実ということだけではいかんよ。そう簡単ではないよ」といわれる方もいますが、大局的に長い目でみますと、やはり、誠実な人柄が最も伸びるんではないかと思います。

12日　人　柄

人柄ってよくいいますが、やっぱり、人生は人柄によって決まるんじゃないですか。

まあ、なるべく人を生かすような生き方が一番いいでしょうね。完全な人間なんていないんですから、人に完全を求めるのではなくて、人の長所を上手に使える人、その人は必ず、成功します。

それはしかし、長所と短所を本当にわかる人でなきゃならない。これがやっぱり、経験でしょうね。経験と愛情でしょうね。

13日 若き学人へ ①

若さを浪費するな。
勉強を節約するな。

14日 若き学人へ ②

実行できない予定は予定ではない。

15日　自分への約束を果たす

私が私の一生で最も力を注いだのは、何としても自分との約束だけは守るということでした。

みずからとの約束を守り、己を欺かなければ、人生は必ずなるようになると信じて疑いませぬ。

16日　生きるとは闘うこと

生きるということは一面闘うということであります。自らの内なる小我と闘い、外なる困難と闘うことであります。

しかし、覚悟がきまれば生きるということは、社会のために働くことであり、自らの仕事のために奉仕をすることでもあります。

17日 わかったつもり

普通世間では勉強すると賢くなると言うが、果たしてそうでしょうか。どうも言葉の上では変ですが、むしろ勉強すればする程ある意味ではわからん部分が多くなり、むしろ主観的には次第に愚かになるような感じがして参ります。

勉強して愚かになるくらいならはじめから勉強などせん方がいいではないか、と言われるかもしれませんが、勉強せん人のわかったというのは、多くは真にわかったのではなく、わかったつもりなのです。

18日 わからんとわかる

真にわからんということがわかることは、わかったつもりの人よりもわからん方が本当の意味ではむしろ程度が高く、意味があることです。勉強すればする程ものの見方が深くなり、わからぬ部分とわかった部分がはっきりしてき、しかもわからん部分の方がわかった部分よりも遙かに広いということを感じ、次第に謙虚にならざるを得ないのです。

19日　仕事を楽しむ

仕事を楽しんでやるというのはのん気に要領よくやるということではなくて、自分の仕事に対して、つねに変わらぬ心の緊張を失わないということです。

20日　魂を生かす

仕事は人のためにするのではありません。普通はそんなふうに思いますが、それは誠に平面的な考えです。

仕事は自らの魂を生かすためにするものだと、私も固く信じております。

21日 生命への感謝

まことに、生きるということ、そのことがふしぎでありまして、動物はそんなことは何も考えないでしょう。そんな考えてもわからんことは考えんほうがいいじゃないかというのも理屈かもしれません。しかし、せっかく頭を与えられたんだから、たまにそういうことを考えてみるのもよく、そうすると、なるほどお互い文句を言っておるが、今日一日生きるということ自体が一大奇跡だと感謝をせずにはおれなくなるのであります。

22日 初物を戴く

初物を戴《いただ》く時には、私の故郷は仏教の盛んなところなので、まず必ず仏さまと先祖の霊にお供《そな》えして、その後で、人間も戴くようにしているのである。これは一見何でもないようであるが、実は人間生活に何か大きなものを与えていたようである。面倒くさい説明などは何もなかったが、みんな仏さまに手を合わせて戴くので、子どもも大人も何となく、有難い気持ちになり、いつのまにかわれわれは、ものはただ金で買えるものだけではなく、ものにはそれぞれ天から与えられた尊さがあるというようなことを教わったのである。

23日 もえる

春の花もいいが、それに続く新緑には、また花に劣らぬ魅力がある。花の魅力は、なんといってもその美しさにあろうが、新緑の魅力は、そのもえいずる新鮮さと力強さにある。

「もえる」という字は漢字で書くと「萌える」と「燃える」となり、前者は芽ぐむ、後者は火がもえるの意となるが、そこには、何か、より深い共通の感じがある。

24日 只今の時

現在（只今の時）は過去の終わりにあらずして、新しい将来への「スタート」であり、無限の可能性をはらむ自己完成への始めである。

25日 毒と薬

薬と毒などといえば、全く反対のもののように思われる。だが実はそうではなく、一般に薬は毒にもなり、また逆に毒は薬にもなるのである。それは一にかかって、量と用い方の問題である。

しかも面白いことには、良薬ほどその量や用い方がむずかしく、それを誤ると良薬はそのまま劇毒ともなるのである。たとえばモルヒネ一つを例にとっても、適量では注射一本でどんな激痛でもすぐとまるほどの良薬だが、多量に用いれば命取りにもなるし、また繰返し用いれば恐ろしい中毒を起すことにもなる。

この薬と毒との微妙な関係は、誠に面白く、人生などについても、ある程度あてはまるようである。同一の人間が甲の下ではすばらしい働きをするが、乙の所でさっぱり働けず、むしろ邪魔にさえなるなどということは、われわれがしばしば経験することだが、それは全く人の使いようによるのである。

26日 自己との対決

何十億という人口があっても、その一人ひとりはこの宇宙の中で最も絶対に素晴らしい、少なくとも隠れたものを持っておる自己であります。

無限の可能性を持った自己との対決、人生とはそういうものであろうかと、私は思っております。

27日 身近にある幸福

とかく人間は最も大事なことを一つ忘れている。それは、自分が現在持たぬものには極めて敏感だが、現在自分が持っている幸福には甚《はなは》だ鈍感だということである。

たとえば、健康の人は健康を忘れ、若い人は若さを忘れておるが、病気になったり、老人になったりすると、はじめて健康や若さのすばらしさを、しみじみと感じるのである。

28日 心の花

せっかく人間として生まれてきたのである。ただ外の花を楽しむだけではなく、自らの内に咲かせる心の花をも楽しもうではないか。

29日 人生をつくるもの

修養と人生、仕事と人生は一つである。人生をはなれた修養はない。また仕事をはなれて人生はない。

30日　未来は今日にある

詩人リルケも言うように、

「木のように成熟することだ。木は自若《じじゃく》として春の嵐の中に立ち、夏は続いて来ないかもしれないというような心配はしない。夏は必ず来る。しかし、夏は……何の懸念もなく静かにゆったりと構えている忍耐強い人々のところにだけ来るのである。……」。

未来は、ただ未来にあるのではなく、むしろ今日にあるのである。今日の生き方の中にあるのである。

31日　いかに生きるか

人生は　にこにこ顔の命がけ

京都の新学社での講演

6月

京都大学助教授時代、欧米留学
直前と思われる（昭和２年頃）

1日 人間の誕生

人間は母親の胎内《たいない》に十カ月おるわけでありますが、生まれてくるまでに極めて複雑な道を通るわけであります。普通素人流に考えれば、まずはじめに小さい人間が出来て、それが段々とそのまま大きくなるんだろうと思われるのでありますが、そうではないのでありまして、まず父方の精子と母方の卵子が一つに合して新しい受精卵が出来、それから生まれるまでに十カ月、胎内で無数の変化を経るわけで、急に人間になるわけではなく、下等の動物から段々と高等の動物に変わって、最後に人間の姿になるのであります。

この下等の動物から段々と高等になるような過程を、系統発生とよんでおりますが、人間は、生まれるまでの胎生十カ月の間に下等の動物から人間になるまでの複雑な系統発生を繰り返すのであります。

2日 精神的生命

人間的生命は、三つの生命（植物的生命・動物的生命・精神的生命）から成るものですが、第一、第二の生命は、本能的な生命でありますから、それだけでは、まだ人間的とは言えないのであります。その上にもう一つ精神的生命が加わって初めて人間らしくなるのであります。この精神的生命は一人一人みんな違うのであります。一人一人違うというところがまた面白いのであります。みんな同じだったら、世の中はさほど面白くないと思うのであります。

3日 宇宙の中心で生きる

我々はまだ宇宙全体の広ささえもまだよく知らんので、唯一の存在地たる地球は、全宇宙の一つの中心と考えることができるかと存じます。確かに宇宙の不思議を感心できるというのは、人間だけであります。全宇宙で考え得る唯一の存在たるこの人間、これこそはあらゆるものの中で最も尊い存在だ、ということになりますと、我々はただ他人を拝むだけではなく、自分自身をも拝みたいような気になるのであります。

4日　仕事の三要素

情熱と独創と実行がなければ仕事をしているとは言えない。

情熱とは、仕事に対する興味と、希望と、喜びをもって、全力的にぶつかることである。

5日　安らぎをもたらすもの

人生において最もたいせつなことは、安っぽい自信などよりも、むしろ徹底的な、文字どおり徹底的な努力である。徹底した努力さえあれば、必ずびくびくして退くようなこわさはなくなり、おのずからそこに、自らを信頼する明るさと安らぎの人生が展開する。

6日　こわさを忘れる

「こわいと思うほど、こわいことはない」。

これは英国の大政治家、ウィリアム・グラッドストン（一八〇九―一八九八年）の言葉である。

グラッドストンは、事を始める前は徹底的に準備をし、これ以上の準備ができないくらいまでに努力をし、あとは天にまかせるというような安らかさで、こわさを忘れて事に当たった。初めからろくな準備もせず、いちかばちか運命にまかせるというようなずぼらな生き方はしていないのである。議会での演説原稿などにしても、五回、十回と気がすむまで書き改め、よく演説のけいこまでして議場に出ているので、名演説になるのはむしろ当然であり、けっして僥《ぎょう》倖《こう》ではないのである。

7日 学問は無限

一つの発見はむしろ無数の疑問を起こさしめるものでありまして、この意味では学問は無限に深いと言ってよいでありましょう。

8日 頭を大事に

粗末な頭などというものはなく、粗末に使えばみな粗末になるが、大事に使えばみな大事なものになる。

9日　個性を生かす　①

あまり欠点にびくびくするよりも積極的に長所を伸ばして、諸君の個性をつくりあげることです。長所を伸ばして生きる方が、生物的に自然で、効果も大きく、十分長所を伸ばし得れば二、三の欠点はむしろ芸術品における飾りのようなものにさえなり得るのです。

10日　個性を生かす　②

逞しい人間的成長のあるところには、むしろ欠点がその人間の芸術的価値にさえなり得るということは、まことに面白いことであります。経験上、われわれは何一つ欠点らしい欠点がないのに、何となく人間全体として味のない人間があるかと思うと、他面一、二の点では弱いところがあっても、全体としてすばらしく、そして格調も高く、その弱さまでがむしろその人間全体を大きくしているような人を見るのであります。

11日　伸びる人の共通点

人間の一生を見ておると、一見どうにも腑《ふ》におちぬようなことがいろいろある。だれもが嘱望《しょくぼう》したような者がいっこうに伸びなかったり、反対にそれほどとは思われなかった者が、ぐんぐん伸びたりする。しかし、よく落ちついて考えると、やはり伸びるべき者が伸びており、伸びるべからざる者は伸びていないのである。

伸びている人には、たしかに何か共通のよさがある。がまん強い人、平気で損のできる人、いつでも善意で事に処している人、自分の立場よりもむしろ人の立場を深く考えるような人で、こういう気持ちだから、表情も明るく、はればれとした態度で人に接している。

12日 がむしゃらであれ

　社会に出て特に学校と違うことは、学校では教えられたことを覚えることが主な仕事で、人間全体の活動よりも、むしろ知的の部分活動でありますが、社会ではどうしても人間全体としての活動が主になるということであります。

　学生時代優秀でありながら、社会に出てがっかりするものもあれば、逆に学校ではあまり光っておらなかったのに、社会へ出て急に脚光をあびるようなものもあります。しかし、いずれにしてもあまり力を落としたり、調子にのったりしてはなりませぬ。

　人生は長距離競走ですから、スタートの不調くらいで腐ってはなりません。雑草の如く逞しくあれ、いや、がむしゃらでさえあれと、わたしは言いたいのであります。

13日 誠実の心

誠実の心は、己に対し、他人に対し、また仕事に対し、物に対して常に己の最善をつくし、良心を欺いたり、手をはぶいたりしないのであります。

しかし、言うは易くして、恐らくこれ程むずかしいことはありません。もしこれが文字通り実行出来れば、もう人生の事はおおよそ成ったと言っても過言ではありますまい。

14日 誠実であるために

人に対し、ものに対し、あくまでも誠実であるためには、限りない努力と限りない忍耐とが必要であります。

私なども、既に中学時代から人生における誠実の重要さを知り、それを努力しながらも、いまだに思うように実行出来ず、しくじっては自らを叱《しか》り、倒れては祈りつづけているような状態であります。

15日　寛　容

寛容もまた誠実と縁のないものではありません。真に自らに忠実になろうとする者は、その困難さが分かるだけに、他人の過ちや失敗に対しても、深い理解と愛情とを持つことが出来、それだけ深い同情を持ってこれを許すことが出来るのであります。

16日　いかに感じるか

人間の一番の素晴らしさというもの、これはベートーヴェンやロマン・ロランなんかも言っております。

「人間の偉さというものは、ただやった仕事の大小だけで決まるのではないのである。いかように物事を感じ取るかという、頭よりもむしろ心の純粋さ、心のあたたかさ、そういうものが最後の人間的な偉さの中の一番大事なものである」。

17日 自信の尺度 ①

自信というものは自然に生まれてくるのではないのであって、自分が自分に誓ったことをとにかくだんだんと実行をして、ちょうど他人を信用する場合には、その人の過去の行いとかやり方を見てその人を信用するように、自分というものが自分に約束をしたことを果たして今までどのくらい実行してきたか、自分が自分に対する約束をいかほど実行したかという過去の成績が、一つの自信の尺度になると思います。

18日 自信の尺度 ②

自信を持つためには、日々の生活を、過去の生活を大事にして、自分がこれだけやろうと思ったことは必ずやり通すという、そういうふうなことが自信の一つのもとになるかと思います。

19日 教育の三つの原理

子供が一歳位になりますと歩きたいという本能的な衝動を持つようになります。そして、下手上手にかかわらず、できるまでやります。周囲の人も普通だったら、「のろい」とか「下手だ」とか「要領が悪い」とかいろいろ文句をつけるのでありますが、子供の歩き始めに関する限りはそういう話はせず、下手なら下手なりに拍手かっさいしております。

できるまでやる、できるまでやらせる、下手な小言は言わない。それともう一つ大事なことは、子供にやらせることを大人、指導する人も歩いて実行しておるわけです。

直立歩行などは何でもないようでありますが、考えてみると教育の最も重要な三つの原理が全部入っております。すなわち「ほめながらやらせる」「できるまでやらせる」そして「同時に周囲の指導者もそれだけのことを、自分自身でやって歩いている」ということであります。

20日 愛の鞭

上手にほめるということは、けっしてこどもを甘やかすことではなく、忘れてならぬのは、正しい愛の鞭《むち》である。厳しさと優しさの併用はたいへんむずかしい。ここで何としてもだいじなことは、自分自身に鋭い反省と鞭を当てて自らを作りあげてきた経験の有無である。

教育とは、いたずらに相手に求めることではなく、何よりもまず、自らに鞭を当てて、まことの愛で相手に接することである。

21日 長所を伸ばす

世の中には子どもの幸福を祈りながら、子どもの長所を伸ばそうとせず、弱点だけをみて朝からこごとをいっておる親があるが、これほどばかげたことはない。だれにも長所はある。子どもをよくするには、だれよりもその長所をよく知って、正しい愛と鞭とで、あくまでも、これを伸ばすことである。

22日　子供の見方　①

どうぞ皆さんは、あんまり、できない子にあきれないでほしいのであります。できる子というのは、それはそれでいいのですが、本当に世の中に大きな光を与えるのは、必ずしもいわゆる優等生だけではありません。私は大学の先生を四十年やったのであります。本当に、部長とか、課長とか、そんなところにさっとなるのは優等生が早いようですが、それはそれくらいで、日本の将来に、大きな変化を与えて、みずから進むべき道を、断固として守っていくというのは、むしろ優等生ではない方に多いくらいであります。

23日　子供の見方　②

私は、何も優等生の悪口を言う必要もないし、優等生がきらいなわけではありませんが、ただ優等、優等と自慢をしておるような母親のもとでは、なかなかすばらしい人間はできないのであります。人よりも早く歩いて、走り競走で一番になっているのが偉いと思うような粗末な考え方で、人間ができるわけのものではない。一番びりを走っても結構であります。一番びりでも、堂々と自信をもって走りぬけるような、そういう長い目と勇気とをもった子であることが大事なことなのであります。

24日 心の鏡

平らでない鏡で見ると、美しい顔も美しくは見えず、長くなったり短くなったり、でこぼこに見えたりする。心の鏡を明るく、平らなものにせねばならぬ。

世の中には、ささいなことで怒ったり、悲しんだりする人が少なくないが、そういう場合、よく考えてみると、問題は必ずしも相手側だけにあるのではなくて、しばしばこちら側にもあるので、よい心の鏡を持つことは、人のためよりも、むしろ自分のためにもなるのである。

25日 心一つで

心一つで、見るもの聞くものが美しくなり、心の曇りの被害者が、誰よりもまず自分だということを思うと、自分の幸福のためにも、また、周囲の幸福のためにも、何とか自分の心の鏡はいつも美しくしておきたいものである。

26日　意地悪

本当によく目の見える人には意地悪をされても、意地悪には映らないのですね。

意地悪をされて、それが意地悪にだけ映るようでは、本当の成長はできませんね。意地悪をされても、それでもなおかつ、これもまた人生の修養かと思えるほどのゆとりがあれば、きっとこういう人は成長し、運が悪いなどということはないですね。

27日　深さとゆとり

それを、さらに一般的にいえばね、不幸とか、失敗とか、そういうもので腐っておるだけでは、その人はやっぱり本物になる資格がないんじゃないかね。

不幸でも失敗でも、その裏までも読んで、これになお感謝ができるだけの深さとゆとりがなければだめでしょう。

28日 なまで見る

何よりも大切なことは囚われずにものを見るということであります。どんな有名な学説でも誤りなきを保証出来ないのでありますますす。ものそのものをなまで見ることであります。なまで考えることであります。

29日 一番尊いもの

私は人間に一番尊いのはなまの純粋さであり、濁《にご》りのない単純さであって人間にとって、これほど尊いものはなかろうと思うのです。これはどの方面でも超一流の人にはあるようです。

30日　運鈍根

世の中に運鈍根《うんどんこん》などという言葉があるが、鈍とは私のいうのろさであり、根とはのろさを知る故に心の底から出る根であり、運とは鈍根のような誠実な生き方をする人に与えられる天の恵みということかと思われるが、面白いもので大成した人々には、確かに運鈍根型の人が多い。

7月

新潟医科大学での講義風景
（昭和 15 年）

1日　人生信条

1. 親は、まず、くらしを誠実に
2. 子どもには、楽しい勉強を
3. 勉強は、よい習慣づくり
4. 習慣づくりは、人づくり
5. 人づくりは、人生づくり

2日　人生観を持つ

教育の問題では、親自身もそうでありますが、子どもに何を望むかという人生観的な問題も根本問題として大変大事だと思います。人生観の問題、自ら然るべき人生観を持たないで、ただ大騒ぎをしているようでは、迷惑を被《こうむ》るのは、まず第一に子どもであります。

3日 平素にあり

日本画家の川合玉堂《ぎょくどう》さん（一八七三～一九五七年）は、よく弟子たちに「平素にあり」と言われたそうであるが、まったくそのとおりで、どたん場であわてふためかぬためには、何よりも常日ごろの修練がたいせつである。

玉堂さんの「平素にあり」との言葉はまことに短いが、その意味にはきわめて深いものがある。一日生涯という言葉もあるが、今日もこの一日をたいせつにして、最善を尽くして生きよう。

4日 あすにはあすの風が吹く

ほんとうに自己の最善を尽くしてみると、しみじみ人間はそれ以上のことはなにもできないことがわかり、文字どおりやれるだけやって、あとはあすにまかせよう、という気持ちになる。すてぜりふではなく、あすにはあすの風が吹き、成るようにしか成らぬが、成るようには成るのである。あすのことをくよくよと思いわずらうよりは、今日一日自己の最善を尽くして、事に当たることである。道はおのずから開ける。

5日 知恵を生むもの

真の知恵は、長い人生でころんでは起き、起きてはころぶというような失敗をくり返しながら、しかも決してそれにへこたれず、むしろそうした中に真の人生の面白さや意義を感じとって、いよいよたくましく希望をもって人生に立向うようなところにこそ、生れるのである。

チャップリンやチャーチルの人生なども、よくそれを教えてくれる。

6日 知識から知恵へ

知識が知恵に成長するには、それだけの人生体験と謙虚さがいる。

どんなに学問をしても、それが鼻につくような薄っぺらなものではだめである。望ましいのはエスカレーター式上昇の単調な人生ではなく、にが味もある実もある人生であろう。

7日　人を愛する

　ヒルティはその著『幸福論』の中で言っている。

「われわれは、いかなる犠牲を払っても、また自分自身のためにも、習慣的にあらゆる人間を愛するように努めねばならぬ。しかも人々が愛するに値するか否かなどは吟味をせずに。そんなことは人間にはむずかし過ぎて出来ないことだから」。

　私が高校の学生としてこの言葉に接してから既に五十年になんなんとするが、この言葉には、たしかに不変の真理がある。

8日　自己を愛する

　習慣的に人を愛そうという努力が、いつの間にか習慣的により深く自己をながめ、最も深い意味で自己をも愛することになるのである。

9日　自分に手を合わせる

人間は凡夫《ぼんぷ》だから、なかなか思う通りにいかん。私などもいたる所で失敗を重ねてきたが、まあ余りくさらずにやってきました。そう思うと、「よくやってきたな、有り難う」という気持ちになり、至らぬ自分をも拝むことになるのです。人も拝みますが、自分も拝む。

それは決して自分が完全であるとか、偉いとかいう意味じゃない。細かくいえば、へまばかりやって来たようですけれど、まあそれでも、自分をごまかさないでやってきた。ご苦労であったと、私が私にお礼をいうのです。そのことはね、ちっとも私は不遜でもないし、傲慢《ごうまん》でもない。尊い人間に生まれてね、せめて自分にも手を合わせるぐらいの感激を持たなければ、ぼくは寂しいと思いますね。

10日　いつも明るい顔で

実際のところ、うれしい時にうれしい顔をしておるのは、これはもう誰にでもできるのでありますが、いろいろうれしくないことがあります。そういう場合にでも決して慌てず騒がず、他の人が見ると全く平和な日と同じように見えるような顔、そういう顔を実際に私の周囲でも知っております。

これは平凡ではありますが、ある意味では人間の修練の最後の段階かもしれません。

したがってそれは、ぼけてそういう顔は駄目なのであります。同時にやすらかな顔ではありますが、たえず求めている、たえず人間としての向上を目指さないところにはそういう明るい顔は出ないのであります。退屈をするような人間にはやはり退屈の表情しか出ないわけであります。

11日 自分を教育する

本当の人間のリーダーは自分以外にあるのではなくして、最後は自分自身が考えて行動するのでありますから、負けてはならぬ、これくらいのことで負けてはならん、あるいはこれくらいのところで妥協してはならん、と自分自身に教育するのです。

たとえば「六時に起きる覚悟をしたけれども今日はなんだから五分や十分あとでよかろう」というようなことではいけないのであります。六時に起きると決めたらば絶対に六時に起きる。決して何よりも自分をごまかさない、というような自らに対する厳しい鞭であります。この自分に対する教育、そのことをしっかりできなければ、結局本当のことはできないと思います。

自分に克《か》つというようなことも、自分が自分に与える教育の一つであろうと思うのであります。

12日 習慣形成

子供の習慣形成にとって最も大切なことは、ただ上からがみがみ言うことではなく、親たちも皆努力をして、家庭の中によい雰囲気をつくることである。

たとえば食前食後の感謝や朝晩の挨拶にしても、はきもののぬぎ方や長幼の序などにしても、また我慢強さとか、あるいは更に不平や愚痴や、悪口などを言わぬことなどにしても、家庭の日常生活の中にそういう雰囲気がありさえすれば、そうやかましく言わなくとも、長い間には自然に子供たちにもそうした気風《きふう》がうつり、そういう態度を身につけるようになる。

大事なのは説教ではなく、親たちの日々の生活の中における心構えと実践である。

13日 人間の特権

考えて行動する事は実に人間に与えられた特権であり、脳脊髄《せきずい》の構造も、これを裏書きしています。脳脊髄のうちでも、真に思考的行動に役立っているのは脳の上方の一部、殊に主として大脳表面であります。

人間ではこの大脳表面の発育が非常に良好で、この部分だけでも、他の脳全部を合わせたよりも遙かに大きいのでありまして、この考える場としての大脳表面の非常な発達こそ人類脳の特徴であります。深く考えずに反射的に行動することは、人間的特権を放棄した動物的な生き方で、人間生活の逆行現象であります。

14日 自己責任

あえて職業を問わないが、世の中には自分が好きで大騒ぎをして入った研究室とか会社などを、後になって悪口を言ったり愚痴をこぼしたりする人がありますが、そんな浅い考え方では何をやってもだめで、むしろ責めるべきものは自分自身で、相手ではないのであります。

15日 無駄を恐れるな

機械の中の一つのボタンや歯車のような存在だけでは人間的とは申されますまい。どんな学問をやるにしても、次の発展への可能性があり、複雑な環境の中にあっても人間的な味を失わず生きて行くようになるためには、学生時代は骨惜しみをしてはなりませぬ。必要最小限度の勉強で要領よくやるというようなことでは、仮に優秀な頭脳を持っておっても決して人世《じんせい》に大なる貢献は出来ませぬ。まじめに生きることによって生ずる無駄や失敗を恐れてはなりませぬ。ある意味では無駄のない人生は浅い人生です。

16日 無駄を乗り越える

無駄や失敗を乗り越えて伸びる限りにおいて、真の意味での無駄や失敗はありませぬ。乗り越えられない時に、初めてそれは無駄になり、失敗になるのであり、その伸びの止まったところが、その人の人間の高さとなるのであります。

17日 ゆっくり急げ

やればできるのである。しかし、急ぎすぎてはならぬ。

「ゆっくり急げ」という言葉があるが、よい言葉である。

やってみても、なかなか自分の思うようにはいかぬことが多いが、くさらずに続けることである。希望をもって続けることである。

18日 偉大な愛情と努力

大きな仕事をなし遂げるのに最も必要なのは必ずしも才ではなく、むしろ多くの場合物に対する愛情と努力とであります。

偉大な仕事には必ず偉大な愛情と努力とがあります。

19日　宇宙教

相対性原理を発見したアインシュタインは宇宙教ということを言っております。アインシュタインは大学者でありますが、同時に宗教性の強い人であります。科学者で宗教性を理解できない人はダメだが、同時に宗教家で科学性を理解できない人もやっぱりダメだ。これは両方とも必要なんだということを、いろいろの面から、いろいろの表現で言っておりますが、正にその通りでありましょう。

20日　わからない楽しさ

考えてみると、わからんというが、一番小さい原子核のこともわからん。大きい宇宙もわからん、宇宙だけならいいけれども、我々の住んでいる地球についても地面の中のことは、ほとんどわかっておらんそうであります。

わからんわからん尽くしでは、寂しいことでありますが、しかし、へたにわかったつもりになっているよりは、わからんということが本当にわかると、なにかむしろ楽しく、心も落ちつくように思われます。

21日 心の免疫

人生の困難は免疫を得るためのワクチンのようなもので、たくましい人生は、ただ苦難を恐れているだけでは不可能であり、それには進んで苦難というワクチンで心の免疫を身につけねばならぬ。

22日 最後まで努力

私は、個人でも会社でも、もうこれでよいなどと言うべきものではなく、人生は最後までが努力だと思うのです。

ただ大臣になったからもうそれでよいなどという見方は非常に粗末なので、大臣になってもつまらぬ人もおれば、たとえ日雇いをしていても偉い人は偉いのであります。

23日　良寛の偉さ

良寛《りょうかん》の偉さは、どういうことがあっても いたずらに外に求めないで、あくまでも自分自身に求め、自己の調節を行うが、しかも自分を殺さずに心の安らぎは持ち得たということであります。そういう意味では良寛という人は、全くすばらしい人だと思いますが、こういう心の姿を身につけることはどうも、ただ教育とかそういう外からの力だけではなく、何よりも自らの命をかけての精進と、それに恐らく遺伝的なものなどが大きな力を持つことでありましょう。

24日　良寛に学ぶ

心の安らぎを得るには、良寛のようにたえず自分自身を内側から見るという努力が絶対に必要だと思います。良寛の生活を見ますと、相手に対して愚痴をこぼすとか、不平を言うとか、悪口を言うとか、そういうことは殆《ほと》どないのでありますが、これは徹底的に自分を深く見て、本当に生きるということが決して自分だけの力ではなく、生きるということこそは、文字通り万物のおかげであるということを腹の底から悟り、何としてもあらゆるものを拝まずにはおれない、というような心境から来ておることのように思われます。

25日 伝記の読み方

伝記には今でも私は非常な興味を持っておりますが、これは悩める日の最良の友として、心からおすすめいたします。もっとも伝記でも、その人の欠点までも見ていないようなものはつまらないもので、伝記のおもしろさは、むしろ、どうして欠点や悪条件を切り抜けてたくましい人間になるかというところにあるのだと思います。通り抜けた欠点は、もはや単なる欠点ではなく、むしろ、花園《はなぞの》への奥行きのある小道なのです。

26日 神の恵み

人間だれしも幸福を願わぬ者はなかろうが、最終的には、幸福とは、金でも名誉でも地位でもなく、おそらくそれは、感謝の心と、それによる喜びであろう。

ほほえみと感謝の心こそは、動物にはない人間独特のものであり、こうした神のお恵みを忘れぬようにしたいものである。

27日　宗教と科学

大和に大神《おおみわ》神社というのがございますが、その大神神社には、拝む拝殿はありますが、御神殿はないのであります。御神殿は三輪山そのものが御神殿だそうであります。

これなどは山そのものが、一つの神であり、命であるわけでありますが、こういうものを「なんじゃ、そんなもの」と事もなげに笑える人は、笑えるというその頭の方が私はむしろおかしいと思うのであります。私にはちっともおかしくはないのであります。

28日　信仰の力

信仰には証明がないではないかと普通の人は言います。しかし、証明はあると思います。内面的な証拠はあるのです。実際、そのとおりやっておれば、教祖ほどには偉くなれなくとも、やっぱり他の人とは違うよい人間が出来あがるからであります。これは信仰による内面的の証明ではないかと私は考えます。

29日 知と情

世間には、しばしば大きな誤解があり、「知」の方が高くて、「情」の方が低いみたいに考えられておりますが、決してそうではなく、生物進化の過程からみれば、生物としてはむしろ、「情」の方が先で、「知」が後なのです。人間でも、「情」の方が基礎的で、「知」は、「情」的安定の上にあってこそ、はじめて人間全体として落ちつきが持てるのです。「知」だけが進んで、「情」的の安定がないような文化は、不安定な文化となり、ノイローゼ的なものになってしまいます。

30日 この命に感謝

物事というのはいろいろの面があります。簡単に割り切るというような生き方じゃなくて、頭をさげて今日のこの命に感謝しながら、広々と、明るく深く生きたいものであります。

31日　永遠の問題

私も来年十月で満八十三歳になりますが、あっという間であり、年をとるごとに、いよいよ私は人生について何も知らぬということを感じます。

しかし、知らぬということは、人生がつまらぬということではなく、むしろそれほど人生は深く、広く、味のあるものだということで、日ごとに生きることの有難さを感じております。

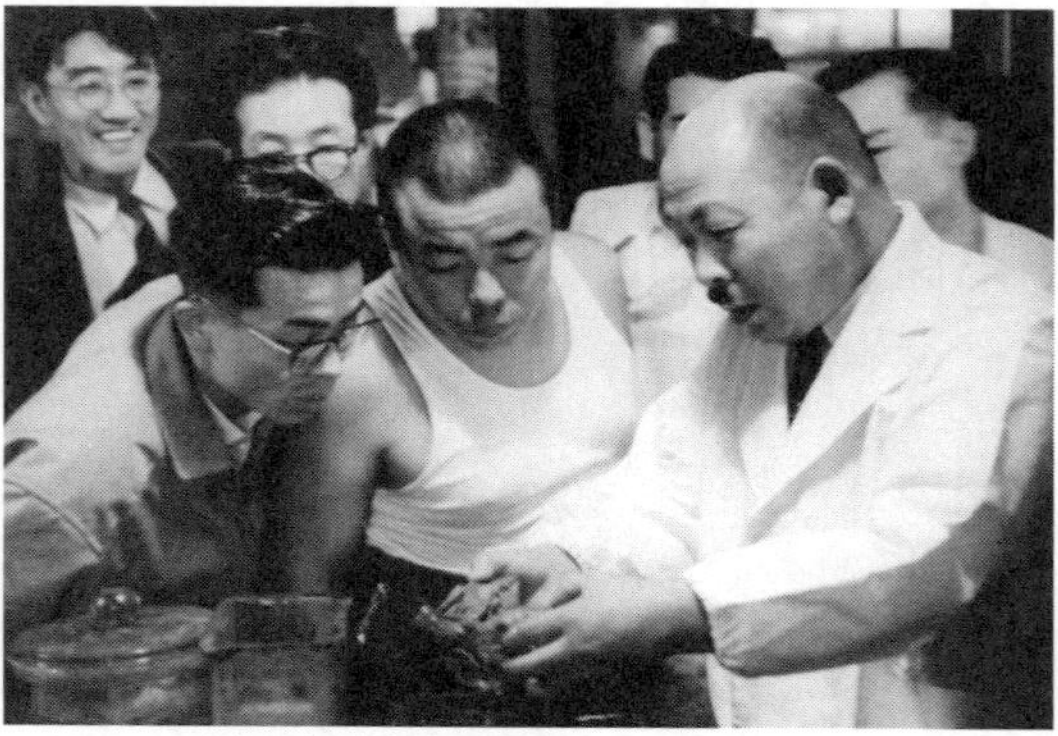

画家・山下清氏（中央）と平澤先生（右）

8月

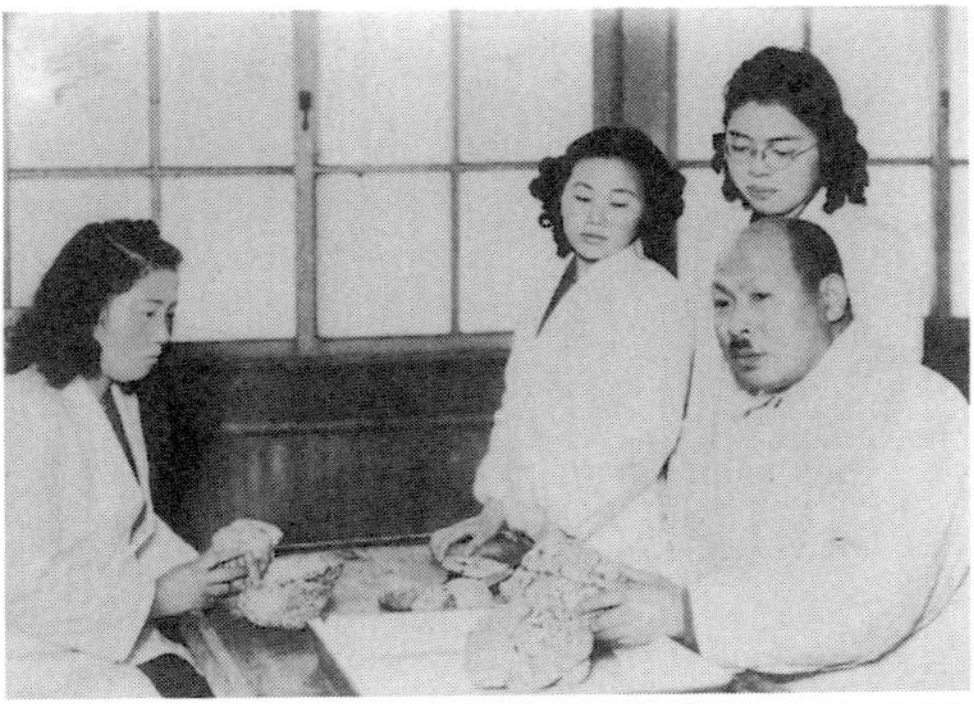

京都大学教授時代（昭和 24 年 5 月）

1日 夢を食う ①

夢を食うとは、ただ大言壮語《たいげんそうご》したり、夢に酔ったりすることではなく、日々の現実に対し、夢を食うにふさわしいだけの燃える情熱とたくましい努力とがなければならぬ。

2日 夢を食う ②

真に夢をもてば、そうした情熱とか努力とかは、第三者が見れば苦しそうでも、本人にはむしろ毎日の楽しみで、それは快い疲労と安眠をもたらす。おそらく、この人生では、夢を食って生きるほど楽しいことはないのではなかろうか。

3日　わが道を貫く

野口英世なんていう人も、世人《せじん》は天才といいますが、そうじゃないと思う。誠実の人です。情熱と努力の人です。

彼が梅毒による精神病者の脳に病原体を発見したときは朝の二時か三時頃で、自宅でです。そこで、カッポレを踊るんです。アメリカ人の奥さんは、カッポレがわからないから、いよいよ主人はどうかなったかと心配されたという。

昼間研究室で顕微鏡を見、家に帰ってまた夜通し顕微鏡を見るなどというのは、普通の人ならできないことです。一日八時間も顕微鏡を見たら、目が変になり、町へ出ても物が見えないくらいになるもんですよ。それを研究室で見て、また家へ帰って見たんだ。一万枚の標本のうち、九千九百九十五枚目で初めて梅毒病原体を見つけたんです。これは彼の誠実のたまものです。誠実というのは、ただ嘘をつかんということではなく、あくまでもわが道を貫くということです。

4日　まっしぐらに生きる

人それぞれに燃え方は違っても、そのどれが良いとか悪いとかいうことではなく、大切なことは、せっかく人間として生まれてきた以上は燃えて夢を持ちながら、それに向かってまっしぐらに生きるということであります。人生において退屈する程つまらなく、気の毒な状態はないでしょう。

5日　ご燈明の如き情熱

人生にはご燈明《とうみょう》の如き情熱がなければならぬ。

6日 賢い生き方

世の中は鏡のようなもので、多くはこちらが笑えばむこうも笑い、こちらがおこればむこうもおこるのである。そうだとすれば、どうせ泣いても笑っても生きて行かねばならぬのだから、できれば明るく楽しく生きる方が賢いことになる。

しかも、それは相手に求めるのではなく、まずこちらの側から自分自身でそういうふうに努める方がよかろう。

7日 自由と抑制

真の自由とは、けっして人間が自らの欲望のままに、わがまま勝手に動くことではなく、むしろできるだけ人々に自由を与え、世の中に安らぎをもたらすために、自らのわがままを抑え、小我を殺して大我を伸ばすことである。

8日 奇蹟の時代

科学時代にはもう奇蹟がなくなる、などとよく言われるが、まことにたわけた言葉である。深い科学の目、とらわれぬなまの目をもって見れば、世の中に平凡などということは一つもなく、科学の時代こそは正に身ぶるいするような奇蹟の時代なのだ。深く見、万物に頭をさげて、ありがたく生きようではないか。

9日 すべてが不思議

心を静めて周囲を見渡せば、われわれは天地の恵み、宇宙の情けの中に生きているようなものである。けさ無事に目がさめたことも、ただいま無事に呼吸できることも、考えてみればまことにありがたいことである。こんなことはあまりにありふれたことで、だれしもありがたくも不思議にも思わぬが、それは、今日なお最高の科学をもってしても解明しえないほどの不思議を含んでいるのである。

10日　栄光につらなる道

生物にはもともと少々の変化にへこたれず、これに耐え得る力が与えられているのである。ことに人間には人間独特の精神生活があり、これこそが真に人間を人間たらしめているものであり、特にうれしいことには、人間にはだれにでも、一般に考えられているよりははるかにすばらしい多くの可能性が与えられて、不屈の努力によってその開発を待っているのである。

もし若人が自己との挑戦においてあくまで屈せず、燃える情熱で断固その目的に進む時、必ずそこには栄光につらなる道がある。

11日　人間の中心を守る

世の中の機械化もたしかに人間知能の所産ですが、しかし人間知能が外面だけに向い、人間として何よりも大切な内面の自己自身を忘れては真の意味における人間生活はなくなりましょう。

現代は史上未曾有《みぞう》のすばらしい時代ですが、これは、われわれがその内部の尊いものを守り、人間が人間の中心を守りぬいてこそ、本当の意味があるのです。

12日 島国根性

我々が育った時代、日本はまだ確かに世界の島国でありました。しかし、トインビー博士なども指摘しているように、今日では日本はもはや島国ではありません。いや、交通通信が今日の如く発達した時代には、もはや世界のどこにも島国などというものはあり得ないのであり、従って、けちな島国根性などは、一日も早く捨て去らねばなりませぬ。伸びるものの足をひっぱったり、やぶにらみで怒ったりして、鳥なき里のこうもりにはならぬよう深く慎まねばなりませぬ。

13日 日本民族の自覚

島国根性のかわりに、新しい時代に、われわれが欲しいものは国際人としての高い世界的視野と、この世界的視野における日本民族としての自覚であります。宇宙時代になり、世界がどんなに狭くなっても、日本人はあくまでも日本人であり、日本人として世界人になるのであって、それ以外の中性の人間になるのではありません。日本には日本の自然があり、日本の歴史があり、日本の体質があり、これらがあっての日本人であって、それ以外であろうと考えても、それは生物学的にも不可能であります。

14日 強い国になる

国際的視野から見て、発言力を持つためには、国として、民族として強くならねばなりませぬ。しかし、誤解を防ぐために、特に断っておきますが、ここで国として強くなるということは、戦争に勝つためとか、弱い国をいじめるためとかいうことではなく、むしろ弱いものに手をさしのべ、弱いものを助けるためであります。われわれは、その苦い経験からも、世界の誰よりも戦争に反対し、積極的に世界平和の確立に努力せねばなりませぬ。

15日 日本を愛す

私が特にここで強い国にならねばならぬというのは、個人としても、国としても、自ら助くる者だけが真に自律し得るのであり、いかなる時代でも自らの足で立てぬような国は、一人前の発言力を持てぬからであります。当然のことながら、こういう意味で我々はもっと、積極的に日本の国を愛し、これを強くすることに熱意を持ちましょう。

16日 ロダンの生き方

ロダンを見よ。ロダンは一八六四年「鼻のつぶれた男」を初めてサロンに出品して世に現れようとしたが、落選し、次の「青銅時代」の作品まで出品をせず、実にその間十三年ひたすらに自己に閉じこもり、時流におもねらず、一徹に自己透徹《とうてつ》の精進をつづけるのである。

彼の求めるものは真実そのものであり、美そのもので、彼の道は常に孤独で、これは栄光の座について後も少しも変らず終生、彼は初心者として学ぶ素朴さと謙譲とを失わなかった。

芸術にとって「大切なことは、感激することであり、愛することであり、望むことであり、戦慄することであり、生きることである」と彼は言ったが、正にその通りであろう。

17日 自然の深奥にふれる

「芸術家にとって、何が大事かといっても、自然の姿、自然の心そのものにふれるほど大切なことはない。芸術とはいわばそういうものであろう。笑ったり、泣いたりするのは顔だけでなく、手も笑い、手も泣き、また足も笑い、足もまた泣くのだ。美はいたるところに満ちあふれている。だがそれを読み取り、感じることのできる眼は案外に少ないのだ」（ロダン）

18日 ルオーの歩き方

ご承知のとおりルオーの絵は画面が浮かび上がっている。それほど彼はけずっては足し、けずっては足し殆んど彼の画には完成という事がないかと思われるほどであります。

けずっては塗り、けずっては塗るルオーの歩き方などは、一見まことに平凡に見えます。しかし、そうして十年も経つと一枚の絵がやはり本人自身も感心するようないい絵になる。これなども、いかにも独創の一面を暗示しているように思われるのであります。

19日 教育の基本

教育の基本は、第一はあくまで誉めること。第二はできるまでやらせること。第三は、自分もそれを実行すること。

20日 教育の成功

とにかく教育において一番大事なことは、ビリでも結構だが、子供に希望と興味を失わせないようにするということであり、興味を持たせることができれば、これは教育の最も大きな成功ではないかと私は思うのであります。

21日 苦難の先にある成長

真実を追い求めるものには、それだけの苦難があり、また、そこを乗り越えてこそ、いよいよ人生に味と豊かさとが加わるものだと思われます。

22日 至るところに美がある

よく見ましょう。よく見れば、もう至るところに美があります。人生にもまた、至るところに感謝すべきものがあるし、美しいものがあるだろうと思います。

23日 いかに見、いかに考えるか

いかに見、いかに考えるかということで、ものの姿はがらりと変わるのである。まったく目ほど不思議なものはない。この目の深さには、人により天地の差があり、その色あいも、その人の教養により、時代により、民族により、宗教により千差万別である。自分ではずいぶんよく見、よく考えているつもりでも、案外、時代や習慣にとらわれていることが多く、真にものそのものまでを見るということはなかなかむずかしい。

24日 自分で考え、自分で決める

私は、勉強をせよとか、なんとか言われたことは殆んどないのです。中学二年の時、父は寮にいた私に、「おまえがよいと思うことは、私も賛成だし、おまえが悪いと思うことは、私も反対だ。だから、細かいことは一々《いちいち》相談せんでもいいから、おまえがよいと思うようにやれ」と言ってくれ、この点、私は全く自由でありました。ですから、中学二年以後は、自分自身で考えて、私の行動を決めておったのであります。

25日　独創の目

「自分の目で、徹底的にものの真なる姿を見よ。ものを見るときには、自分が世界で初めてそれを見るような気持ちで見よ」と、かつてスイスで、私はモナコフ先生から教わったが、それが年とともに強い力で私に迫ってくる。

　こうした面では経験もだいじではあるが、やはり経験だけではまだ不十分で、やはりいつでもどこでも、けっしてとらわれぬたくましい独創の目で見る必要がある。

26日　独創の母体

　独創の母体とは、結局逞しい努力であり、一事への熱中であり、寝ても覚めても研究そのものの中に生きるということではないでしょうか。

27日 体得する

同じことを絶えず繰り返しておりますと、これは神経学の一つの法則でありますが、難しい仕事でも機械的にできるようになります。スポーツなどもそうでありますが、テニスの逆モーションなども最初は大変難しいのでありますが、絶えず練習をしておれば、事もなくできるようになります。頭の中にはそれを身につけるだけの材料があるのですが、それを身につけるには長年の努力がいります。体得するには、本人があくまでも自分自身で出来るまでやらねばできないのであります。

28日 努力の仕方

疲れるような努力の仕方は、いかに熱心であってもまだ分別《ふんべつ》の足らない努力であります。

疲れてもその疲れがひと晩眠ることによって翌朝治るというふうな努力の型でなければなりません。

29日　予定の立て方　①

三日坊主になるかどうかは、一にかかって予定のたて方にあるとも言われましょう。まず、予定は、自分の実力以内でたてることです。一時間に一ページを読める力があるならば、予定はその三分の二か、時には半分ぐらいにしておくのです。また、一カ月は三十日ありますが、病気や突発の用事などもあるので、ひと月は二十四、五日ぐらいにしておき、十分自分の体力も考慮に入れておくのです。

30日　予定の立て方　②

余裕のある予定を立てて実行すれば、案外予定の達成も楽しく、時には予定よりも前に出るようなこともあり、そうなれば希望が先に立って、むしろ疲れを忘れるぐらいです。

31日　天地の恩

生かされて　生くるや今日の
このいのち
天地の恩　限りなき恩

9月

一以貫之（9月13日）

1日　真の誠実

真の誠実とは、ただウソをつかないとか、そんなことではなく、あくまでも道理を曲げないで、我が道を貫くことであり、従って真に誠実であるためには、まず人の何倍かの忍耐力と、物を正しく考える批判力とがいります。何とはなしにただ人の言う通りにやっているだけでは、必ずしも誠実でない場合があります。

2日　自己批判力

今日のような混乱した社会で真に誠実であるためには、非常な忍耐力と批判力が必要であります。特に注目すべきことは、日本だけではなく、世界的に見ても、他人に対する批判は鋭いが、自分自身に向かっての批判が弱いことであります。

ややもすると、理屈を言って相手をやっつければ頭がいいかのように思う人もありますが、必ずしもそうではなく、それよりも、自己に対する鋭い批判によってまるくことを運ぶ方が、遙かに能率的なことが多いのであります。

3日　自己を見つめる

　自己を深く見つめることによって、あまりにも多い短所を知ることとは寂しいことではありますが、それが自己の真実の姿であれば致し方のない事であります。この追いつめられた現実をしっかり見つめなければ、強固な人生の建設は不可能であります。

　しかし、自己批判の目が深く正しくなればば自己の内にあるものは欠点だけではなく、そこには荒野にまばらに咲く花のように、他の人にはないような長所もいくつかはあることも次第に分かるようになります。

4日　信用を得る

　鋭い眼を持つものは、自己に対しても、他人に対しても、とかく始めは否定的になる傾きがありますが、自分に打ち勝つことによって次第に肯定的に変わってまいります。始めは不可能と思われるような事を、自分に打ち勝ってやりとげる事によって、次第に自己に対する信用が出て来ます。自信とは、自らが自己を裏切らずに立派に行動した時に初めて出るのであって、この点は自己が自らに対して信用を得る場合も、他人に対して信用を得る場合も同じであります。

5日 信頼できる人

よく就職の紹介などを頼まれることがある。私が世話をするのは、一人の人間として私が信頼のできる学生だけでありますから、人を見る目のないようなところへは紹介はしませんでした。

私が紹介するのは、途中で試験に落ちようが、処分を受けようが、とにかく最後のところで断固として責任を持ってやれる人、決して、逃げ隠れはしない人、そういうような人だけです。

6日 仏の目で見る

ともすると、世間では、粗末に人間を見ている人が多く、優等生だとか、何だとか、そんなことばっかり言いまして、人間の一番大事なところを見落としているところが少なくないのです。

落第をしようが、何をしようが、偉い人は偉い。幼児教育の場合でもいわゆる偉そうな子供だけが、将来伸びるのではなくして、相手にならんような子供の中にも実は、しばしば人間の目ではわからないようなすばらしさがあるのであります。できるだけ仏の目で、仏の心で見たいと思うのであります。

7日 よき社員となる

大きな会社は世間にはいくらもありますが、おれの会社には心がある、誠実さがあるという誇りのもてるものは少なく、そうした会社の社員たることは人間として大きな喜びだと思います。しかし、そうした会社のよき社員であることのためには、皆さん一人一人が人間としての成長をめざさねばなりません。

8日 社風をつくる

社風というのは、会社の規則にもどこにも書いてありません。書いていないところがまた私はいいと思うのであります。第何条、何々すべしというのではなくて、みんなの力で自然に生まれてきて、しかも今日もなお成長しつつある社風であるところに、実に意味があるのであります。書いてもなければ、規則でもないからこそ、いよいよ意味があるので、社員たるものはますますその気持ちになって、よい社風をつくりあげねばなりません。

9日 荒木総長の訓辞 ①

大正九年（一九二〇年）九月十日、それは私にとって生涯忘れえない、京都大学への入学式の日である。忘れえないのは、大学の大きさでも、講堂のすばらしさでもなく、総長荒木寅三郎先生の熱と誠に満ちた新入生に対する訓辞であった。

総長の口から出る一語一語は、まさに燃えていた。

それは、別に大声をはりあげたり、節をつけたりするような演説ではなく、ただ静かに奉書《ほうしょ》の巻紙に書かれた原稿を読まれるだけのことでしかなかったのだが、しかし、それは世界的学者としての先生の実績と自信にあふれ、おのずから聴く者の襟《えり》を正さしめ、嵐のごとき感動を与えた。

先生は、学徒にとり最も重要なものとして、誠実、情熱、努力、謙虚などを挙げられ、これらについて、それぞれ自らの体験と史上の実例などをもってくわしく説明され、われわれは催眠術にでもかかったように、全身全霊でこれを受けとめた。

10日　荒木総長の訓辞　②

この訓辞は私にとって、けっして遠い過去のものではなく、私はさらにこれを私のからだであたため、私自身の経験をも加え、その肉づけを続けて今日に至った。いわばこの訓辞は、生涯私とともにあって、今日まで私を導いてくれたのである。

六十年以上も前の入学式の荒木総長の訓辞が、なぜ私にこれほど強い感激と興奮を与えたかは私にもよくわからぬが、おそらくこれは、この訓辞が口から出た単なる言葉ではなく、その後ろに先生ご自身の不動のご信念と、燃える実行とがあったからであろう。

11日　感化する

どうも教育などというものは不思議なもので、本当に真実なものを身につけておれば、令せずして行われ、いかに大声を出しても、真に自らもつところのない先生は、とても生徒に生涯残るような感化は与えられない。

12日 思いやり ①

今から二千数百年前のある日のことである。

弟子の子貢《しこう》が、突然師の孔子に向かって、「先生、たった一言で、これさえ守っておれば、まちがいなく人生が送れるというような言葉はありませんか」と尋ねた。「なかなかむずかしいことをきくものだな」と言って、孔子が答えたのが、「それ恕《じょ》か」ということである。

この「恕」は、今では「ゆるす」などとも読むが、昔は違い、「己の如く人を思う心」で、最も広い意味での思いやりである。

孔子は、こうしたあたたかい心をもって人に接しておれば、まあ人生はだいたい無事に暮らせるだろうと言われたのである。

13日　思いやり　②

論語の中で、孔子が弟子の曾子に向かって、「参《シン》乎《ヨ》吾ガ道ハ一以テ貫クレ之ヲ」と言っており、曾子は、その意味がよくわからないほかの弟子に向かって、「夫子之道ハ忠恕而已《ノミ》矣」と言っておりますが、忠とは己を尽くすことで、広い意味での誠実であり、恕とは己の心を付《はか》って人の気持ちを察することで、広い意味でのおもいやりであり、己の欲することを人に施《ほどこ》すのも、己の欲せざるところを人に施さないのも、このおもいやりの心いかんであります。

　道の表現は多岐多端《たきたたん》であっても、その基になるのは、孔子も「わが道は一以て之を貫く」と言われる如く、いかにも忠と恕とでありましょう。

14日 進むべき道は一筋

若い頃、私は「進むべき　道は一筋　世のために　我慢頑ばり　今日もあしたも」などという歌をつくって、これを座右の銘としたことがある。

15日 ほほえみのある努力

この頃はまだ努力目標が自己中心的にかたより、無理に我慢頑ばりなどと言ったのだが、その後時がたつにつれて、次第に努力にも感謝奉仕の気持ちが加わり、努力をしながらも感謝をこめてほほえみを持てるようになった。

いつまでも鉢巻姿のような努力ではまだだめで、なるべく早くのびのびとしたほほえみのある努力を身につけたいものだ。

16日　最善をつくしたか

人間は本当にやれるだけやれば、それだけで心の平静を得られるのではないでしょうか。最善をつくしたと思う人は随分あるようですが、第三者として見ると、多くは最善をつくしたのではなく、最善をつくしたつもりなのであります。

それくらいでは、なかなか幸運はめぐってまいりますまい。

17日　世の中は公平

私のみるところでは世の中は案外公平であります。案外というよりも、むしろ非常に公平であります。

多少の例外はあるかもしれませんが、本当にやればやっただけのことはあります。ごまかしたり、手を省いたりしていては、特に学問の世界ではだめであります。

18日 サリバン先生

　サリバン先生というような人は、世界の教育史の上で、もっとほめられていい人でありますゥ。寝ても覚めても文字どおり命の限りを燃やして、ヘレン・ケラーの教育に尽くしたのであります。学校へ行く時も、辞書を引く時も、講義を聞く時も、帰ってきてからも、いつでもサリバン先生は、そばにいたのであります。あれだけの先生というものはないと思います。しかも、ヘレン・ケラーは、初めから、そんなふうなおとなしい子ではなかったのであります。初めは、動物のような子で、サリバン先生も困ったのでありますゥ。サリバン先生の努力と愛情のおかげで、ようやくああいうふうに、ものわかりのよい、すなおな子になったのであります。口もきけない、耳も聞こえないヘレン・ケラーをして、大学を優等で卒業せしめたのであります。

　しかし、あれを奇跡だと片付けるのは、あまりにも、ものの見方が粗末であります。彼女こそは、人類の歴史の中で最も努力をした聾唖《ろうあ》者であり、手話の指からは、血が出ることも珍しくなかったということであります。その努力の中にこそ、ヘレン・ケラーの偉さがあると思うのであります。

19日　解剖実習の思い出

一年生の解剖実習は学生と一緒にやるのですが、人体の構造にはいろいろ個体的の変化などもあり、初めのころは学生にきかれても、なかなか答えられないようなことが沢山《たくさん》あります。そういう時も、私は、いい加減の返事をしたり、ゴマ化したりせず、大きな本を持ち込んで一緒にしらべたり、それでもわからなければ、翌日までに調べて答えるようにしました。

面白いもので、それが、学生たちの間で評判になり、「平澤先生は熱心で、いい加減のことをいわれない」と、かえって信用を得ることになり、恐縮したものです。

20日　働くことの極致

世界の名著『イエスの生涯』を著《あらわ》して、キリストをただ伝説の人とせず、内面的にその成長を辿ろうとして、当時教会の怒りにふれ、大学教授の職を投げ捨てたが、最後には国葬に付されたルナンが、「働くこと、これが休息させます」（"Travailler, ça repose."）と言っておりますが、これこそは働くことの極致でありましょう。

働くこともこの段階になりますと、水が高いところから低いところへ流れる如く自然でありまして、もう意識的な緊張などという感じは全然なく、むしろ確固たる反射であります。

21日 無緊張の緊張

学者も芸術家も宗教家も真に偉大な人は、この無緊張の緊張を身につけ、むしろ働かずに居れない人々であります。

22日 悠々と集中

孔子も「知レ之者不レ如レ好レ之者。好レ之者不レ如レ楽レ之者」と説いております。

心の緊張を失わぬと言っても試験勉強のような、ねじり鉢巻式な神経質な性急のやり方は望ましくなく、悠々といつも心の中に焦点を定めて歩くことが望ましいのです。

23日 研究の秘訣

ニュートンもその研究の秘訣を尋ねられた時、「私はいつも私の注意を一つの問題に集中したからです」と答えた。

24日 生きる喜びと感謝

せいいっぱいの努力をしたら、結果についてクヨクヨ考えない、これがわたしの座右銘です。心の安定上もう一つ大切なのは生きる喜びとそれへの感謝でしょう。

自分の力で生きているなどと、おこがましいことを考えません。毎朝、目をさましたとき生きていることの不思議さを感じ、それを喜ぶのです。

25日　人生の法則

どうも世の中を広く見ておりますと、結局、愚痴をこぼしたり自分に文句を言ったりという人は、人生の最後を見ますとやっぱり哀れであります。

若い時に人に「なんというお人好しだなあ」というふうに笑われながらも、なおかつその笑いの中で平然として耐え忍んできた人は、確かに晩年はよいのが多いのであります。

26日　自然の不思議

何でもわかるなどという事はあり得ないことで、自分で研究しないで本だけでおぼえたというような人にはそう思う人もおるようでありますけれども、決してそうではないので、真の研究者は結局は自然の不思議に頭をさげるよりほかはないのであります。

27日 神仏に近づく

私は、科学は決して、宗教とか信仰と相反するものではなく、むしろ本当に学問をすれば神仏の道へ近づけるのではないかと思うのであります。なぜなら、自然は誰が造ったか知りませんが、しかし、そういうものを調べると、とても人知では考え及ばないようなことがいろいろある事がしみじみとわかるからであります。

28日 人生はわからない

いくつになっても中々人生などというものは判るものでない。判ったと思っているのは、たいていは自分の乏しい経験からでっちあげた人生の一面に過ぎない。人生を見る目が広くなればなるほど、また深くなればなるほど、人生は益々《ますます》多様で色彩に富んでくる。同じものを見ても、その感じなり解釈は立場や職業によってそれぞれ違っている。少々位小説を読んだり、学問をしたぐらいでは、本当の人生は判らない。

29日 万物が有り難い

普通の人は数の少ないもの、珍しいものなどをただ不思議だとか、有り難いとかいうが、それは見方が粗末だからです。いかに、数が多くても、尊いものは尊く、不思議なものは不思議なのです。

しかも学べば学ぶほど、知れば知るほど、いよいよその不思議は多くなるばかりです。そうなると、万物が有り難く、拝まずにはおれない気持ちになります。

30日 人生の真髄

人生は名を得るためや、金を得るためや、あるいは位を得るためにあるのではなく、三十億年の生命の頂点において人間として現れたからには、自らの生命に火をつけ、真にまじめにこれを生き抜くことこそが、その真髄であろう。

10月

京都大学教授時代
（昭和 29 年 1 月 14 日）

1日 みのり

みのりの秋は、いろいろのことを思わせる。芽が出、花が咲き、それがみのるまでには厳しい道があるが、「蒔かぬ種は生えぬ」で、種なくしては芽も出ず、みのることもないのである。

これは人生でも同じことで、人生ではまず、目的に向かって努力という種を蒔くことだ。この努力という種を蒔きさえすれば、きっとよい実がみのり、よい収穫があるのだ。目先だけの雑然たる現実を見ると、ときにそうではないように思われることもあるが、長い目で見れば、やはり世界はそうなっているのである。

2日 夢に負けない努力

何よりもだいじなことは、けっして途中でごまかしたり、手を抜いたりしないことだ。種から芽が出、花が咲き、これがみのるには、必ずごまかさずに、通るべき道を通らねばならぬのだ。……

秋の空は高く澄みきり、夜には無数の星が見える。秋の夜の夢は、大きく高いほどよい。問題は夢に負けない努力だ。あくまでも燃え続けることだ。

3日 全情熱を傾ける

仕事に全情熱を傾ける人にしてはじめて俸給を貰《もら》う資格がある。

仕事に全情熱を傾けない人は俸給を貰う資格がない。

余り働かずしてその日を過ごしておる人はまことに気の毒である。

4日 一筋に生きる

生涯という長い時をかけて、笑われてもボンクラと言われても、ある一つの考えで生きておるという人は、幸せであり偉いと思います。

5日 顔

生《うま》れながらの美人の表情も、たしかに美しいのはよい。しかし、ただそれだけでは少し年でもとればだんだん色もあせるし、また多少人生の経験を経たものには何か物足らない感じがする。

「四十以後の顔は自己の責任だ」というような事が言われるのも、これは四十ともなれば、生れたままの顔だけではなく、それまでの人生経験によって自己の顔にも抑揚《よくよう》をつけよということであろうが、確かにそうである。

へたをすると、持って生れてきた顔よりも表情を汚す人もあるが、出来ることなら修練によって、そこに少しでもかぐわしい香りと味とをつけたいものである。

6日　個性の円熟

逞しい内面的成長による個性の円熟は、外から角がすりへらされた円《まる》さではなく、角をも内包する円さだから、そこまで行けば、ほかの人の角も分かり過ぎるほどよく分かるし、また他人から見れば、その円さはただ単調な円さではなく、その中には独特な味と深さがある。こうなると男でも女でも、いよいよ自然の色気が出てたくましい魅力が生れる。

7日　生きるということ

生きるということ、わけても考える心をもって生きるということはすばらしいことで、修練によっては苦しい中でも喜べるのであり、これこそは人間の最大の特徴ともいわれよう。

お互いに明るい顔で、この世の中を少しでも多く明るくしようではないか。自分のものので、同時にひとのものでもあるこの顔は、大切にせねばならぬ。

8日 教育の必要性

人間が人間となるためには、広い意味の教育は絶対に必要であり、人間は、教育によって初めて動物から人間になるのだといえよう。

教育とは、ややもするとただ人から教えてもらうことだと誤解されやすいが、実はそれだけではなく、むしろ、より重要なことは、ある年齢に達したら、自ら積極的に考えて、自らが自らを教えることである。

9日 幼児は天才

幼児は、無限の可能性を有する天才である。なぜ特に、幼児を天才と呼ぶかと申しますと、われわれのように年をとりますと、可能性は残っていても、神経細胞はなかなか反応をしないのであります。その意味で幼児の場合は、本人が喜んでやるように仕向けることができれば、神経細胞が、とにかく日ごとに活用されるのであります。無限の可能性を有する天才、と言うのは、これは決して過言ではないのであります。

10日 二つの教育

英国の十八世紀の史家ギボン博士は、「あらゆる人間は、二つの教育を持っている。その一つは他人から受ける教育であり、他の一つは、これよりももっと大切なもので、自らが自らに与える教育である」と言っていますが、これは確かにその通りであります。

11日 自分が自分に与える教育

人から受ける教育というのは親や先生から教わったり、本や社会から習ったりすることで、普通教育というと、とかくこれだけしか考えない人も少なくないようでありますが、しかし、ただ知っておるだけでは、まだ知識でありまして、本当に自分のものになったとはいえないのであります。自分が自分に与える教育とは、習ったものをもとにして自らの工夫でいかように自らを導き、いかように人生を生きぬくかという覚悟と実行でありまして、これこそが本当に身についた教育であり、これは外からの教育より遙かに大きいと思うのであります。

12日 八十五歳の悟り

私はちょうど八十五歳になってね、いよいよわからぬということがしみじみとわかってきました。わかったつもりの人はたくさんおられるが、それはまだ勉強が足らないからじゃないかと、正直のところ、思います。

13日 人間に生まれた幸せ

私がいま最も幸せだと思っているのは、人間に生まれてきたということです。この地上に最初の生命が生まれたのが三十数億年前。その三十数億年の生物史を通して各種の植物や動物ができたが、運よくも、その中でも生命の頂上に位する最も尊い人間に生まれてきたということはなんたる幸運だろう。

14日 生きた極楽

もう一つ喜んでいるのは、今日も元気でおれるということです。話をすると阿呆みたいなことばかりのようだが、しかしいままで、一所懸命に勉強して、やっと、しみじみと腹の底から喜べるようになったのです。

15日 歳をとる意味

ただ歳をとるということだけに意味があるのではなくて、歳をとるということはそれだけ人間的に内容が豊富になる、人間的に豊かになるという点が社会的には一番大事なことであります。

16日 持たぬ幸福

大きな気持ちで眼を開いて、現在われわれが持っている幸福を知ろうではないか。そしてまだ持たぬ幸福についても、人間らしい選択と方法とを考えよう。ある意味では、この願望の内容そのものが、その人間の価値と高さを示すとも見られる。

ただ盲目的に金や地位などにあこがれるだけでは、あまりにもさびしいではないか。

17日 切りのない欲望

ショーペンハウエルは「人間はとかく不満と退屈の間をうろつきがちだ」と言っているが、この言葉にはなかなか味がある。

たとえば地位も、金もなければこそ欲しいのだが、さて実際手にしてみれば、それほどではないのではなかろうか。成る程持たなかった人がそういうものを得れば、一時はうれしかろうが、こういう満足は長つづきはせず、すぐまたあきて、次の持たざるものに対して新しい欲望が起こるものである。

18日 不幸になる考え方

普通は不幸が人間を苦しめるというが、よく考えて見ると、人間を苦しめるのは不幸そのものではなく、不幸だと思うその考え方自体である。

19日 幸不幸を決めるもの

徳は一朝一夕《いっちょういっせき》では身につくものではない。しかし人間の一生を見ていると、人間としての真の幸不幸をきめる最後的のものは、一にこの徳の有無大小などにかかっているようである。徳は普通のやり方や常識的な利害を超えて、心から人のためになろうという愚かさと実践の中から芽ばえ、成長するもののようである。

20日 徳と男らしさ

英語では徳はバーチュー（Virtue）であるが、これはラテン語の男らしさ（Virtus）から転じて来たものだとのことである。男らしさといえば、まっすぐでかけひきがないとか、裏表がないとかいうことが第一に考えられるが、言葉の構成の経路がちがいながら、まっすぐな心、直心《じきしん》ということで発想的に共通の点があることは、面白い。

21日 徳は力

漢語の徳にも、辞書によると、やはり働きとか、能力とかいう意味もある。たしかに徳は力であり、得にも通ずる。「徳孤《こ》ならず」ともいう如く、徳は求めずして人心を集めて力ともなり、おのずからなる不思議の力を持つものである。

22日 誉める①

誉めるにしても、ただ表だけをみておるような誉め方はだめなのです。誉め方も、裏までみえるような人でないと、本当の誉め方ができないのです。誉めるには、こちらが、それだけの行をしていなければならない。愛情だけじゃ、あかん。だから、誉めるなんて、そう簡単なことではないのです。

23日 誉める②

人の欠点が目につく間はまだだめです。それらの欠点が「飾り」にみえるようになれば本物でしょう。

24日 自分の目で見る

ロダンは「巨匠というのは今まで多くの人が見たものを〝自分の目〟で見る人である」と言ったのであります。自分の目でというのは、それはまさに自分の目で本当に見るということであります。本にどう書いてあるとか、人からどう教わったとか、そういうことではないのであります。

25日 美を見つける

ロダンは「ごく平凡の、他の人が見ればば平凡のものの中に、素晴らしい美を見つけ得る人、名人というのはそういうものだ」とも言っておるのであります。今まで多くの人が見てきたものを「自分の目で」、そこが大事です。自分の目で見る人、そして他の人には平凡であるものの中に、美を、人が驚くような美を見つけ得る人、そういうのが名人だというのであります。

26日 熟練する

器用な人では大家にはなれません。器用な人はすぐ覚えますが、大家にはなれぬ。たとえば器用な人が外科医か何かだったら、すぐ、外科の名人になれるかというと、そうではないのであります。

外科の名人になるには大体無器用な人がいいと言われております。これは、ちょっと変なようでありますが、器用な人は、とかく物の順序などをあまり気にかけず、順序ぐらいごまかしてもできるので、すぐにうまそうにはなりますが、ミスが多いそうであります。

ちょっと器用な人は外科に向いていそうに見える。なるほど、しろうと話の外科医者にはいいかもしれませんが、しかし本当に大家が感心するような外科の大家というものはむしろ無器用な人がよいそうである。無器用な人は練習に練習を重ねて、そのかわりに目をつむっていてもやれるような、そういうふうな熟練を身につけるからです。熟練ということは、学問の上でも非常に大事であります。

27日 学問の方法

もとより学問というものは、ただ暗記をしたり自慢をするものではありませんから、文字を読んで文字を覚えておるなんていういき方では駄目なのであります。心で読んで、身体につけて、それを実行するということ、そういうことが大切であります。

28日 本の読み方

すぐれた先人の本や言葉を読む時には、なんと馬鹿なことを言っておるなというふうな粗末な批判をしないで、わからないのはわからないで結構でありますから、宿題として残しておくことであります。

29日 生きた学問

　よく普段から本を読んでおるが、ただ本だけで人生を知らないというような人もあります。そういう人間は駄目であります。またそうたいして本を読むわけではないが、大変よく考える人で、たとえばお百姓さんだとか魚屋さんだとか大工さんだとか、その人たちはそうたいして本を読んでいるわけではないかもしれませんけれども、非常にお会いして感心をする人があります。

　うちに出入りしておる大工さんなども、難しい学問をしたとは思えないのでありますが、まったく私などは頭の下がるようなことを年に何度か経験するのであります。これなどは本当に生きた学問をしておるのであって、難しい言葉を知ることだけが学問ではないのであります。

30日 偉そうな人

私もたくさんの先輩とか知人をもっておりますが、若い時には偉そうな人はやはり偉いような感じがします。こちらが成長しておりませんから。やがてだんだん歳をとってきますと、偉そうな人というのはたいしたことがないなと、天ぷらみたいなものので、ちょっと外の皮を落とせばたいしたことないんですね。

31日 教育の真髄

尊敬している先生の許《もと》に長くおると、自らは先生のまねをしているとは思わぬのに、いつの間にか講義の口調から歩き方まで、先生そっくりになることがある。そういう実例は私なども数多くしっているが、まことに不思議なことである。

おそらくこれは心から尊敬しているような場合には、無意識の間に外面的及び内面的の模倣が行われ、自らは知らないが長い年月を通しての努力があるものと思われる。令せずして行われ、無為《むい》にして化すこの教育こそは、まさに教育の真髄であろう。

11月

解剖実習で（昭和 29 年 2 月）

1日 仕事を道楽に

私の京大の先生に、足立文太郎先生という方がおられた。血管に関する研究では文字通り世界一の学者です。

この先生なんかは、全く仕事を楽しみにしておられた。

飲ん兵衛《べえ》で酒はこの上なくお好きだが、酔うてくるほどにいよいよ、学問の話。それが説教じゃない。楽しんで話をしておられるから、聞く方も、落語を聞くように楽しい。

聞くときは楽しいが、さて、後になってみるとジーンと体にくるのですね。

だから、道楽をしておる先生の弟子というのは有り難いもんですね。楽しい話を聞きながら、身が引き締まるんですね。それはもう、本当に有り難いことだと思う。

2日 五十、六十「花ざかり」

年をとると、偉そうにいうようになるが、本当に偉い人は、偉そうにはいわぬ、大体偉そうにいう人は成長が止まっている。

例えば、五十、六十は「はなたれ小僧」などと見下げたようないい方をするよりも、五十、六十「花ざかり」、七十、八十で「実がなって」、九十、百歳は「熟《う》れざかり」などというような気持ちになることが本当です。

3日 仕事がもたらす幸福

最も身近で、しかも自己にも仕事にも、いちばん幸福なことは、自己の仕事に打ちこむことではなかろうか。

現在では、仕事は生きるための方便で、人生の目的を仕事以外においておるように思われる人も少なくはないが、それでは能率もあがらず、疲労も大きい。

4日 懸命不動

足立文太郎先生、私の恩師であり、大学の先生であります。先生は昭和二十年四月一日に亡くなられたのであります。その先生の碑の除幕式がありました。

その記念碑の表に「懸命不動《けんめいふどう》」という先生自身の書が刻まれている。命をかけて動かず。文字通り「懸命不動」という中に足立先生のすべてが尽くされておると言ってもいいかもしれません。

ただし、命をかけて動かずというようなことは、言葉では簡単でありますが、なかなかどころではありません。「懸命不動」の姿勢を人生に貫くことができれば、何か自分がやろうということを決めて生涯それをやり続けるということができれば、もはやそれはたとえ凡人に見えても凡人ではないと思います。

「懸命不動」というような字を書くことは、誰でもできます。しかし本当に文字通りそういうただ一筋の目的のためにすべてを捧げるというようなことは、できないのであります。

5日 本物になる

足立先生は、井上靖さんなどによく言われたそうであります。

「とにかく右往左往、右を見たり左を見たりせずにやることだ。相撲の呼び出しでも浪花節《なにわぶし》語りでも左官屋さんでも本当に生涯の心を傾ければ本物になれるが、なかなかそうでなければ本物にはなれん」。

6日 人生を決定するもの

人生の最後を決定するものは知能の優劣そのものよりも、むしろ人生に対する考え方とその生活態度によることが多いのです。

こざかしい小粒な人間にならないで、偉大な考えの中で大きく伸びてください。

7日 美しい人生

美しい人生、理想の人生とは、今日を最も美しく人のために生きる事である。地位も金もそんなものは大したものではない。人間はひと時の旅人として、この限られた時を、美しい心で少しでも人のために生き得れば、充実した人生であり、生きがいのある人生だと思う。

8日 この身このまま

けさもまた
さめて目も見え
手も動く
ああ極楽よ
この身このまま

9日　愛のある目で見る

若人を希望をもって成長させる。
愛のある目で見る人にはそれが出来る。

10日　家庭教育の要諦

子どもの家庭教育について、まず何よりも大切なものは、家庭の環境であり、直接には家庭での親のあり方、生き方だと思います。どんなに立派なことを言っても、その生活の中に、何の夢もなく、だらしのない生活の中では、とても子どもには勉強しようなどという気持ちは起こらないでしょう。

11日 国際性を身につける ①

国際人であるとか、世界人であるとかいうことは、ややもすると誤解されるように中性的の人間になることではなく、むしろそれぞれの特長を十分にいかしながら、国際的意識をもって行動することであります。International は特長ある Nations があり、その上に立ってこそはじめて望ましい国際性が生まれるのであって、自らの個性をすてて わけの分からぬようなもののまねだけでは真の意味での国際性は生まれません。

12日 国際性を身につける ②

国際性を身につけるには、まず「汝自身を知れ」ということになりましょう。われわれは正しい意味で日本人としての特性を持ち得てこそはじめて、尊敬される国際人たり得ると思うのであります。

13日 世界人

世界的になるということは、何も大げさに変わったことをやるということではない。

誰よりも我慢ができる人。誰よりも知識を求めてやまない人。そして苦しい時にも、悠然と笑顔で生きられる人。それが私は立派な世界人だと思うのであります。

14日 存在感のある人

君がおらぬと、周囲が困るような人になりなさい。

15日 己に克つ ①

深い自己内省によって厳しく自己を検討することは必ずしも楽しいことではありませぬ。しかし、これは自己が外的のものに機械的に動かされず、自らの主体性をもって動くためには絶対に必要なことであります。

己に克たずして人に勝つということは不可能であります。

16日 己に克つ ②

人生に克つにはまず自らを征服せねばなりません。自らを欺いたり、ごまかしたりして偉大な人生はあり得ません。

長い人生には、春もあれば秋もあり、夏もあれば冬もありましょう。運がわるいと冬のような日のみが続くこともありましょう。そんな時でも、真に自己を知っておれば、よろめきながらも、どうにかそれに耐え得ることが出来ます。

17日 なによりも大切なこと

なによりも大切なことは、人を生かすことである。そして、その人に喜びと勇気と希望を与えることである。

18日 今日から実行

人生にとって最も望ましいことは、とにかく実行することである。しかも今日から実行することである。

19日 論語読みの論語知らず

「論語読みの論語知らず」という言葉はただ論語の意味がわからぬということだけではなく、つごうのよい時にはわかったような振りをしながら、一向にそれにならおうというまじめさのないような皮肉をも含むようであるが、そういう悪意的の意味からでなくとも、論語読みの論語知らずはいくらでもある。

20日 人生を味わう

論語に限らず、ただ頭だけで書いたものではなく、そのうしろにきびしい生活の実践があるような先哲の言は、そうたやすく真に理解のできるものではなく、まじめに読めば読むほど、また経験を通して人生に対する理解が深くなればなるほど、その奥行きや味の深さがわかり、年と共になかなかわからんということが本当にわかってくる。しかし、このわからんということがわかるということは、決して退歩ではなく、むしろこれによって、ますます世の中が面白くも広くもなり、この一日に限りない味を味わえるようにもなる。

21日 まけるな、ごまかすな

思えば、よくも今日まで元気で生きてきたものである。いや生かされてきたものである。生来のろまな私は、たえずつまずいたり、よろめいたりして、若い時はつくづく自分にあいそがつきたものである。だが、その度ごとに、親鸞《しんらん》や良寛になだめられたり、ゴッホやベートーヴェンに励まされたりして呼吸してきた。

そんな時、私が私に向って叫びつづけたのは「己にまけるな」ということと、「決してごまかすな」ということであった。ありがたいもので、努力は鈍物《どんぶつ》にも火をつけ、正直者にはやがて真実の光を投げてくれる。

22日 落ち着いた人になる

人生においては落ち着いた人になることである。

23日 ユーモア ①

ユーモアは人生を明るくし、広くし、かつ多彩なものにする。たしかにユーモアはひからびた世の中に何かしっとりとしたものを与え、生きる喜びを与えてくれる。世の中には、ユーモアにさえふまじめなものを感じるような人もないではないようだが、ユーモアはわれわれに働くエネルギーを与えこそすれ、少しもふまじめなものではなく、きしむ世の中の油のようなものである。

24日 ユーモア ②

ユーモアは心のゆとりなくしては出るものではなく、またかりに心のゆとりがあっても、よいユーモアは鍛えられた人生の深さがなくては出るものではない。

25日 与える心

しっかり目を開こう。生れて以来、われわれは太陽や、植物や、空気や水など、周囲のすべてに奉仕をされて生かされてきたのである。もっとすべてを大切にしてささげる心で生きよう。求めるだけでは、人生はあまりにもさびしい。だが与える心は人生に、ひそかな喜びをもたらし、明るい光を投げて人生を一変する。無色の人生に七色の花を咲かせるのである。

26日 人に寛容、己れに峻厳

人には寛容、己れには峻厳《しゅんげん》ということは古今東西かわりがあるまいが、わけても個人の自由と権利とが尊ばれる民主社会では、今後ますますその重要性を加えるであろう。こうした心持と、和して同ぜざる判断と勇気こそは、いわば民主主義の柱であって、最も慎まねばならぬのは無責任の付和雷同《ふわらいどう》である。

27日 模倣と独創

一般に世の中の人々は独創力というものは突然空からでも飛んでくるかのように考えているが、決してそんなものではない。これは古い知識を本当に消化をして自分のものとし、急がずあせらず精魂を一事に集中している時に出てくる場合が多いのである。

ただ如何に多くの物を知り広く物を見ても、何者にも囚われずに愉《たの》しみ乍《なが》ら進む余裕がなくては出てこない。まるで足を犬にでもかまれたかの様にあわただしく夢中で物を覚えるだけでは独創などというものは生れない。見ることも学ぶことも必要であるが、他面それらのものにあまり囚われず、常に物事の真相を摑み取る落着きと深さとがなければ駄目である。模倣と言って笑う人があれば、それはむしろ笑いかえしてよい人間である。

模倣の極致が独創だと言っても過言ではない。

28日 磨けば磨くほど

切角《せっかく》尊い人間に生れたのである。何とか頑張れるだけ頑張り、自らを生かして命の限り前進しようではないか。

人間はまことに不思議な存在で、磨けば磨くほど光るのである。

29日 一生成長

生きる限り、成長することです。

あらゆるものに感謝し、あらゆるものを拝みながら、伸びることでしょう。

30日　八十路の旅

あな尊《とう》と　不可思議光《ふかしぎこう》のこの命
八十路《やそじ》の旅に　欣喜雀躍《きんきじゃくやく》

12月

勲一等瑞宝章受章（昭和 45 年）

1日 人生は八十から

本当に人生を楽しむのは、八十歳からである。

この年になって、がっくりする人と、新しい人生に燃える人が出てくる。

2日 定　年

定年でやめることはそれまでの役職を退くだけで、人間を退くことではない。

限りない人間性。その中に残されているchaos（カオス）。君の将来はむしろこれからである。生命の限り伸びに伸びることだ。

3日　日々感謝

私などは年齢的には既に老人でありますけれども、いまもって欠点だらけで自分自身には満足できません。欠点だらけだという自覚は若いときは、誠に苦しく、ひどい神経衰弱になって、もうこの世をごめんこうむろうかと思ったこともあるのでありますが、年をとった今日では、欠点の自覚は自覚として持ちながらも、世の人々に許されて、今日一日、無事に生かさせてもらっておるということに、心から感謝して、日々よりよき人間へと祈りながら、人生を歩いておるのであります。

4日　望ましい人生

望ましい人生とは失敗や迷いのない人生ではなく、どんな困難にあっても、せめて自分を欺かずに、誠実に自己を大切に生きていく人生である。何もかも知りつくしている自己の前に、ひれ伏せるような尊い自己を持つ人生である。

5日 心の長生き

長生きはただ身体の長生きだけではなく、心の長生きも伴わねばならぬ。だれにでも喜ばれる熟した味と香とを身につけねばならぬ。

老人にとって最も望ましい姿は、そこにおることが自分に楽しいだけではなく、周囲の人々にも明るさを与えるような生き方であろう。

6日 正しさを伝える

正しさということは絶対に必要なことでありますが、それには素晴らしい幅があって、正しいことをしかも冗談のように相手にわからせ、しかも相手に守らせることができれば、一人前であります。

7日　アドバイス

真に相手のためになるアドバイスは、けっして容易ではなく、ただ思いつきだけではだめで、何よりだいじなことは、相手の性質や気持ちまでもよく考えて、相手の心にそのまますなおに入るようなものでなければならぬ。これには、深い愛情と鍛えられた人生の知恵が要る。

8日　真の真面目

どんな時にも冗談も言えるが、大事なことは絶対に命がけでやるという、そういうものであってこそ私は真の真面目ということができるのじゃないかと思うのであります。

9日 いかに考えるか

人間にとって最も大切なことは、いかに考え、いかなる心を持つかということである。ただ新しい知識を得たということだけが大切なのではなく、最も大事なことは、そういう新知識をもとに、総合的にいかに考えるかということである。

10日 いかに対処するか

目先の及落《きゅうらく》などが一生をきめるのではなく、よく考えて、全力をもって、それに如何ように対処するかということが生涯をきめるのである。すべてを自らの肥料にする工夫と実行なくしては、真にすぐれた人生はなかろう。

11日　人間の燃焼力

　ある目的に向かって長い年月燃え続けるということは、全生物を通じても人間だけにしかできないすばらしいことである。それには、深い精神的生命と、その世話をするすばらしい脳がなければできないからである。そういう意味では、同じく燃えるにしても、意識的に目的に向かっての人間的な燃え方は、全宇宙の中でもまったく人間独特のもので、こういう燃焼力を与えられた人間に生まれたとは、なんとありがたいことか。

12日　人間として生まれた幸運

　ここ数十年来、私はしみじみと、人間として生まれてきたことを幸運と思うのである。周囲には多くの動植物がうるわしい自然を作り、世を飾ってくれているが、この動植物には、人間のように考える力や夢見るような力は与えられていない。この全宇宙でも、最高の力はただ人間に与えられているだけであり、今日の文化もまったくそのたまものにほかならぬ。

13日 考える葦

考えるということは、何にもまして尊い人間の特性である。パスカルが有名な「考える葦《あし》」の中で語っている言葉もそういう意味であろう。「人間は一本の葦にすぎぬ。自然のうちで最も弱い葦にすぎぬ、しかし、それは考える葦である。これをおしつぶすのに宇宙全体が武装する必要はない。ひとつの毒気、一滴《いってき》の水も、彼を殺すに十分である。しかし宇宙が彼をおしつぶすときも、人間は彼を殺すものよりも高貴であろう。なぜなら人間は自分が死ぬこと、宇宙が力において自分にまさることを知っているからである。宇宙はそれを知らない」。

14日 情熱

人間が燃えるとは、自主的精神的に、その夢とか希望に向かって精進することである。しかし、その燃え方は、性格や目的や年齢などにより多種多様である。一般に、若人は激しく、老人は静かだが、これも人により、とりどりである。

何よりもたいせつなことは全情熱をもって事に当たることで、激しいほうがよいとか、静かなほうがよいなどということではなく、春の海のような親鸞やミレーのような燃え方もあれば、嵐のような日蓮やベートーヴェンのような燃え方もある。

15日　極楽のありか

近頃は、

「極楽は　遠き彼方《かなた》と聞きしかど　わが極楽は　この身このまま」

などという歌をつくって、そんな気持ちで生きております。

極楽は遠いところのように聞いておったが、今日生きておる、この一息の中に極楽があると喜んで、生きております。

16日　幸　福

究極のところ、幸福とは苦労がないということではなく、むしろ苦労を通じて普通の人の見えざるものを見、忍ぶべからざるものを貫き通して、人生を浅く平面的ではなく、深く立体的に捉えることではなかろうか。元来人生とは、それをこよなく美しくする尊き理想への無限の奉仕であり、そのための自己との生涯の闘争である。こうした尊い無限の闘争の中での自己高揚《こうよう》にこそ、まことの悦《よろこ》びがあり、動中の静がある。

17日 人生のわび、さび

年をとるということは、人間として古くなることであろうが、しかし、なかなかに面白いもののようである。面白いもののようであるとは、おかしい言い方かもしれないが、まだ一人前に熟した老人になり得ない私としては、そう言うよりほかはない。

年をとると寂しくなる、などということも聞くし、そうかもしれない。だが、そこにはまた、何となく人生のわびとか、さびとかいうようなことも感じられ、それはそれなりに、どうも一つの味わい方のようである。

18日 美しい死

良寛の「裏を見せ表を見せて散るもみぢ」には、またこの人ならではの落ちつきと美しさがある。人生の最期にまっかなもみじ葉の如く燃え、秋の日に映《は》えて、裏を見せ、表を見せながら、一段とあたりに美を添えて散る姿——ここまで来ると、死ももはや悲しみとかさびしさとかいうものではなく、大自然の美の一面でしかない。死をここまで深く、美しく見得るとは何たることであろうか。ねりあげられた人にとっては、ただ動物的の苦とか楽とかがあるだけではなく、苦しみの中には慰めもあり、喜びもあるのである。

19日　心の広角レンズ

何よりも大切なことは、心の広角レンズによって人生の多様性をとらえ、しかもそれを貫くひとすじのものをつかみとることにあるようである。人間はもろい。しかしまた覚悟すれば無限に強い。

20日　希望は力

決して希望を失ってはなりませぬ。チェーホフは言っています。

「かりに、あなたが暗い夜、森の中を歩いて行くとしましょう。その時、もし遠くの方に、小さな灯が一つ光っていたらどうです。あなたは疲れたのも、暗いのも、小枝の刺が顔をひっかくのも、まるで気がつかないでしょう」。

本当にそうです。希望は力なのです。どんなことがあっても最後の希望を失ってはならぬのです。

21日 無病短命

無病短命というのは、本来無病の人はより強い生命力を持っておりながらその生命力を大事にすることを忘れておるからの短命でありまして、これはひとえに病気の場合だけではないと思います。人生のすべてについて言うことができると思うのです。

持っておる幸福に感謝をすることができれば、その一日をより深く、よりありがたく生きることができるわけです。

22日 一病礼拝

一病息災ということがありますが、これは重い病気をすると、自然に注意をするから病気をせず、元気になることを言ったのですが、どうも、この一病息災という言葉は、私には何か傲慢の響きがあり、私は一病礼拝と言うことにしています。

「一病に頭を下げる」。実は私は一病礼拝ではなく、「多病礼拝」なのです。そう思っていると、まただんだん元気になり、喜んでいます。思うに、世の中には無意味だとか、つまらんとかいうことは一つもなく、考えようによっては、すべてに意味があり、有難いのですね。

23日 馬鹿になる

法然上人《ほうねんしょうにん》は、極楽参りの秘訣として、「馬鹿になることだ、唯一念に念仏申すことだ」という意味のことを言っておられますが、馬鹿になって仕事にうちこむという意味では、法然上人のこの心持ちは学問にも通ずると思います。

24日 よいものはよい

よく世間では「人生は要領だ」などというが、私は断じてそうは思わない。

世間を狭く近視眼的に見ると、時には世の中は盲のように思われることもあるが、広く長い目で見るとそうではなく、実に社会の目は鋭く、かつ公平で、結局よいものはよく、悪いものは悪いということになる。

25日 皆是れ学

生きた世の中でうまく成功した場合も、失敗した場合も、ただむやみに喜んだり、また、むやみに悲しんだりするのではなくして、なぜこうなったかというところまでも深く知るような習慣になれば、これは、私は学問だと思います。「皆是《こ》れ学」だと思うのであります。

26日 手の中にある今日と明日

人生というものは、今日と明日が我々の手の中にある。過去のことはいかなる失敗も成功も、手を離れておるのであります。今日と今日から以後のことは、とにかく手の中にある。

27日 峯に達する道

峯《みね》に達する道はいろいろある。科学の道、宗教の道、世俗的な経験の道など、その肌あいはいろいろと違うが、しかし極め尽くしてみれば結局同じだということは、まことに面白い。わたしは八十余年生きたが、どうも、わたしがながめた景色は、ほとんど研究室の窓を通して見たものだけで、一方的過ぎるようである。

しかし、年をとるということはありがたいことで、そんな気持ちになって心の目でものの姿を、もっと内面的に深く見るようになると、昔とかく肉眼的外面的に見たものまでも面白く、いよいよ人生の限りなさに深い感動を覚えるようになり、〝年たけて心の目にてもの見ればなべてものみな珍しきかな〟――この頃はこんな気持ちで人たることに感動しながら、日々楽しく生きている。

28日 人間の味つけ

年をとるほどに、私はいよいよ自らの人間の乏しさを感じるが、しかし、命のある限りは、やはり祈りをこめてなんとか自らの人間の味つけに燃え続けたいと思うのである。それは、人間が人間を生きるということの中で、最も大切で、最も意義深いことではなかろうか。

与えられた尊い命を生ききって、感謝の中で限りなく伸びたいものである。

29日 自己との対決

どうも人生などというのは難しいですけれども、一言で言えば人生とは自己との対決だと、自分との勝負だと、私はそう思います。これは表面的な成長とかそういうことではなくて、本当にひとりの人間としては自分と競争をして、自分との勝負に勝てる人、これがやっぱり人間として立派な人間、人間として一番立派な生き方ではないかと考えたりしております。

30日 明るい心で

われわれは、大宇宙の中でしばし命をとどめる旅人として、心静かに、それぞれに与えられた役を精いっぱいの力で果たそうではないか。自らを拝み、人を拝みながら、心の喜びを喜びとして、手を握りあって、明るい心でこの人生を生きぬこう。

苦しいときにこそ、奮い立つ希望をもって、この人生を生きぬこうではないか。

31日 永遠の一日

今日一日は永久に戻らぬ一日である。素晴らしい未来のために悔いを残さぬよう、今日も一日しっかりやりたいものである。

あとがき

平澤興先生と初めてお会いしたのは昭和六十年。平澤先生八十五歳、私は三十八歳であった。その時の感銘は今も忘れない。

神経解剖の研究一筋に大きな功績を残してこられた先生が、人間を語り人生を語り、尽きるところがない。そのひと言ひと言が心に響いてくる。一道を究めた人というのは、かくも深く人生のすべてに通暁《つうぎょう》するのか。

一芸は道に通じるというが、まさにそれを体現している人の姿がそこにあった。インタビュー約二時間、悟道《ごどう》に達した人の言葉は私の全身を感動で包んでいた。

そのインタビューは『現代の覚者たち』に収録されている。

この本を出版した時にいただいた感動も忘れられない。

『現代の覚者たち』は『致知』創刊十周年に合わせて出版し、記念パーティーの手土産にもさせていただいた。パーティーにご出席くださった先生は、その夜、ホテルでページを開かれたものらしい。翌朝、秘書の方からお電話があり、先生が伝えたいことがあると言われているので、ホテルまで来てもらえないか、とのこと。私はすぐに駆けつけた。

先生は私を見るなり手を握り、本から得た感動をこれもまた尽きることなく述べられた。その間約一時間、私の手は先生の手に握られたままだった。先生の熱い思いが私の全身に伝染し、強い感慨に染め上げられた。

――本当に偉い人というのは、八十になっても九十になっても、感動する心を失わない人なのだ。そして、その感動を飾ることなくそのまま人に伝えようとする。そういう人だからこそ、いつまでも燃焼し続ける人生を送れるのだろう――八十五歳の平澤先生が見せてくれたお姿に、私は人としてあるべき姿を教えられた。

先生は八十九歳で亡くなられた。私が先生にご薫陶《くんとう》いただいたのは四年間である。しかし、先生のお人柄に触れ得たこの四年間は、私にとって人生の僥倖であったと思う。

その大恩ある先生の言葉をここに『一日一言』としてまとめ出版できたことが、先生へのご恩返しの一端となれば嬉しい限りである。

最後に、人生を生きる上で指針としたい平澤先生の言葉をここに二つ掲げておきたい。
●本当に人生を楽しむのは八十歳からである。この歳になってがっくりする人と新しい人生に燃える人が出てくる。
●五十六十花が咲き、七十八十実が成って、九十百歳熟れ盛り
私たちもかくありたいものである。

平成二十八年六月

編集・発行人　藤尾秀昭

［参考図書］

『燃える青春　―人に喜びと希望を―』（関西師友協会）
『平澤興先生の心と言葉』（平澤興・著、佐野孝・文　考古堂書店）
『生きよう　今日も喜んで』（致知出版社）
『平澤興講話選集「生きる力」』全五巻（致知出版社）
『新装版　山はむらさき』（新潟日報事業社）
『人間　その無限の可能性』（新潟日報事業社）
『夢と人生』（ＰＨＰ研究所）
『さあ、がんばろう』（法藏館）
『見たまま・感じたまま』（法藏館）
『生けるしるし』（平澤興ほか　筑摩書房）
『現代の覚者たち』（平澤興ほか　致知出版社）

＊本書の編集にあたって、新たに改行・句読点の追加、言葉の一部省略・修正を施した箇所があります。
＊本書の中には、いわゆる差別的とされる表現が含まれていますが、先生の息遣いを損なわないために、原文のまま記載しています。

〈著者略歴〉

平澤 興（ひらさわ・こう）
明治33年新潟県生まれ。京都帝国大学医学部を経て、大正13年京都帝国大学医学部解剖学教室助手。翌年同学部助教授。15年新潟医科大学助教授。昭和3年からスイス・ドイツ等に留学後、5年同大学教授。翌年、日本人腕神経叢の研究により医学博士号を取得。21年京都帝国大学教授。32年から京都大学総長を2期6年間務める。38年同大学名誉教授。その後、京都市民病院院長、京都芸術短期大学学長などを歴任。45年勲一等瑞宝章受章。平成元年6月17日、心不全のため京都市内で没。著書に『生きよう今日も喜んで』『平澤興講話選集「生きる力」＜全5巻＞』（いずれも致知出版社）ほか。

平澤 興 一日一言

平成二十八年六月十七日第一刷発行

著者 平澤 興
発行者 藤尾 秀昭
発行所 致知出版社
〒150-0001東京都渋谷区神宮前四の二十四の九
TEL（〇三）三七九六―二一一一
印刷 ㈱ディグ 製本 難波製本
落丁・乱丁はお取替え致します。 （検印廃止）

装幀 川上成夫／編集協力 柏木孝之
写真提供 新学社、中長書店、佐野英孝

ISBN978-4-8009-1113-1 C0095
ホームページ http://www.chichi.co.jp
Eメール books@chichi.co.jp